近代江南女性婚育服饰文化研究

江西省高校人文社会科学研究项目（YS20229）阶段性研究成果

王中杰 著

中国纺织出版社有限公司

内 容 提 要

本书以近代女性婚育观的视角切入，以江南为区域背景，依托社会学、史学、设计学等学科交叉研究，围绕女性婚育观与婚育服饰的变迁展开实证性、应用性研究。本书构建了江南婚育服饰体系，通过女性婚育观解读婚育服饰的变迁状态，探讨近代江南婚育服饰的变迁特征、区域特色的审美情趣与社会意识，为区域传统文化发展与振兴提供了一定的参考与补充。

本书适合服装设计师、时尚从业者及服装设计等相关专业师生阅读与参考。

图书在版编目（CIP）数据

近代江南女性婚育服饰文化研究 / 王中杰著 .
北京：中国纺织出版社有限公司，2025.6. -- ISBN 978-7-5229-2824-1
Ⅰ. K892.23
中国国家版本馆 CIP 数据核字第 2025TB4425 号

责任编辑：黎嘉琪　亢莹莹　　责任校对：高　涵
责任印制：王艳丽

中国纺织出版社有限公司出版发行
地址：北京市朝阳区百子湾东里 A407 号楼　邮政编码：100124
销售电话：010—67004422　传真：010—87155801
http://www.c-textilep.com
中国纺织出版社天猫旗舰店
官方微博 http://weibo.com/2119887771
北京华联印刷有限公司印刷　各地新华书店经销
2025 年 6 月第 1 版第 1 次印刷
开本：787×1092　1/16　印张：11.75
字数：210 千字　定价：198.00 元

凡购本书，如有缺页、倒页、脱页，由本社图书营销中心调换

前言 PREFACE

随着社会的变迁与生育政策的完善，女性在社会发展中的生育价值与社会价值不断凸显。女性作为婚育文化的重要参与者，其婚育观念、审美意识与女性关怀不容忽视。伴随着社会生活方式的急剧变化，婚育礼俗文化逐渐发生变异并趋向统一，国人对自身礼俗文化形式逐渐模糊，因此对传统礼俗文化的研究，也是重构与补充国人文化自信的重要组成部分。江南作为中华文化特别是汉族文化的重要组成部分，以江南为区域背景的研究可以理解为区域性、地方性的文化研究。正是因为现今对文化理解的趋同性以及针对区域性的研究并不完善，所以着眼于区域性研究对完善研究中国大历史的全貌具有补充意义。

本书在纺织科学与工程的学科背景下，以近代女性婚育观的视角切入，以江南为区域背景，进行纺织科学、社会学、人类学、史学、女性学、艺术学、设计学等学科交叉研究，围绕女性婚育观与婚育服饰的变迁展开实证性、应用性研究。本书构建了江南婚育服饰体系，通过女性婚育观解读婚育服饰的变迁状态，探讨近代江南婚育服饰的变迁特征、具有区域特色的审美情趣与社会意识，为区域传统文化发展与振兴提供了一定的参考与补充。本书主要研究内容如下。

（1）近代江南女性婚育观的研究。综合运用人类学、女性学、史学、社会学等研究方法，结合统计调查史料、民族志、地方志的比对，依据婚育观念的变动将近代江南女性婚育观划分为传统期与转型期两个阶段。以社会性别视角切入，将江南女性婚育观的研究置于近代历史范畴，解析具有区域典型性特征的近代江南女性婚育观，并得出：传统期女性婚育观主要表现在对婚姻自主的妥协与追求、晚婚晚育与护生崇文、对贞节观念的维护与抵触，注重社会制度性、身份性，多通过自我牺牲的方式达到社会身份的认同；转型期女性婚育观主要表现在对婚姻自主的强化与折中态度、适龄婚育与科学优生、对贞节观念的颠覆与实践保守态度，注重自我性与意识性。近代江南女性婚育观显现出由单一性至多样性、引领性与矛盾性共存、由制度性至意识性的多元化发展面貌。

（2）近代江南婚育服饰体系的研究。运用设计学、艺术学、纺织科学的研究方法，结合实物、史实资料进行比对，依据服饰主要构成元素与形式美法则，从形、质、饰三方面出发，具体分析近代江南婚育服装形制、服饰配件、着装特征、面料材质、图案装饰、图案文化内涵等方面内容，建构相对完整的江南婚育服饰体系，并指出：江南婚育服饰具有多形式、多风格、多样化、多题材、多组合、多寓意以及"精、细、雅、洁"的区域审美艺术特色，呈现出传统手工面料与近代机制面料共存并逐渐向机制面料转变的多元化形态，同时显现出西化、潮流化与商品化的发展趋势；在服饰表达中不仅体现出女性意识的表达、护生纳吉的祈子企盼、崇文重教的社会文化内涵，还体现出服饰等级性、制度性的逐渐弱化与重构，显现出对追求科学的新视角与新理念。从整体婚育服饰面貌来看，近代江南婚育服饰体现出满汉民族服饰文化的交融与中西服饰文化的交融，具有民族之间、本土文化与外来文化之间的趋同、融合、改良与西化的多元化服饰面貌。

（3）近代江南婚育服饰变迁的研究。运用纺织科学、设计学的研究方法，结合社会学定性分析中内容分析框架与扎根理论编码方法，依据服装的构成元素及从属关系，进一步明晰近代江南婚育服饰变迁的差异性与发展状态。在实证研究、文献比对的基础上，采用NVivo定性软件对近代期刊中婚育照片等视觉素材进行定性分析，依据收集素材的时间范围，以重大历史事件为时间段划分节点，通过对服饰风格、服装配件、服装形制、服装装饰四部分内容的分析，进一步探讨江南婚育服饰的变迁规律，实现对近代江南婚育服饰变迁的定性与细化，并得出：1859—1949年，江南婚育服饰发展呈现中式简化—中西繁复多样—西式简化的过程；1859—1910年，婚育服饰呈现单一性特征；1911—1926年，婚育服饰呈现混合性特征；1927—1936年，婚育服饰呈现多样性特征；1937—1949年，婚育服饰呈现西式简化特征。在整体变迁中，近代江南婚育服饰呈现西化演变趋势，女性婚服风格以中西式为主，儿童服装风格以西式为主。在婚育服饰变迁形式中，呈现出服饰的骤变、渐变、微变与不变的不同服饰形态。

（4）近代江南女性婚育观与婚育服饰的映射关系。运用历史学、女性学的研究方法，以区域史、社会史视角研究近代江南女性婚育观与婚育服饰的变迁形态及关系，主要探讨近代江南女性婚育观与婚育服饰在动态发展过程中呈现出的相互映射关系，并得出：近代江南女性婚育观的引领性与婚育服饰的时尚性、近代江南女性婚育观的多样性与婚育服饰的混搭性、近代江南女性婚育观的意识性与婚育服饰的自由性之间的映射关系。同时近代江南婚育服饰中对外来文化的纳新、对自身文化的坚守以及服饰的西化浪潮，再一次验证了近代江南女性婚育观的中西参半的多元化面貌，指出近代江南女性婚育观与婚育服饰、观念意识与服饰载体间的多元化交融与映射关系。

王中杰

2024年12月

目录 CONTENTS

第一章　绪论
　　第一节　研究背景及意义 …………………………………… 002
　　第二节　研究对象及概念界定 ……………………………… 005
　　第三节　国内外研究现状 …………………………………… 012
　　第四节　主要研究内容 ……………………………………… 025
　　第五节　研究方法与创新点 ………………………………… 026

第二章　近代江南女性婚育观
　　第一节　江南传统期女性婚育观 …………………………… 031
　　第二节　江南转型期女性婚育观 …………………………… 036
　　第三节　近代江南女性婚育观的演变特征 ………………… 042
　　第四节　近代江南女性婚育观的物化形式 ………………… 046
　　第五节　本章小结 …………………………………………… 051

第三章　近代江南婚育服饰形制
　　第一节　近代江南婚育服饰种类概况 ……………………… 055
　　第二节　近代江南婚育服装形制 …………………………… 056
　　第三节　近代江南婚育配件形制 …………………………… 069
　　第四节　近代江南婚育服饰基本着装特征 ………………… 080
　　第五节　本章小结 …………………………………………… 083

第四章　近代江南婚育服饰材料图案与工艺
　　第一节　近代江南婚育服饰材料 …………………………… 087
　　第二节　近代江南婚育服饰图案 …………………………… 095

第三节　近代江南婚育服饰工艺 ……………………………… 106
　　第四节　本章小结 ……………………………………………… 111

第五章　近代江南婚育服饰变迁

　　第一节　近代江南婚育服饰数据分析 …………………………… 115
　　第二节　近代江南女性婚服演变特征 …………………………… 118
　　第三节　近代江南育服演变特征 ………………………………… 127
　　第四节　近代江南婚育服饰演变倾向 …………………………… 133
　　第五节　近代江南女性婚育观与婚育服饰的映射 ……………… 136
　　第六节　本章小结 ……………………………………………… 143

第六章　主要结论与展望

　　第一节　主要结论 ……………………………………………… 146
　　第二节　创新点 ………………………………………………… 149
　　第三节　展望 …………………………………………………… 150

参考文献　　151

附录　部分江南实物藏品清单　　165

后记　179

第一章

绪论

第一节
研究背景及意义

一、女性婚育文化中女性观念与服饰民族性的挖掘

在我国实施计划生育的30余年间，人口数量的控制虽然取得重大成就，但人口结构不合理的问题日趋严重，其中涉及人口老龄化、性别失衡，特别是女性人口性别失衡的问题。自20世纪90年代以来，我国妇女生育水平降至更替水平以下并长期维持在较低水平，引发了对生育政策调整的热烈讨论[1]。随着社会的发展与生育政策的完善，女性的生育价值与社会价值不断凸显，女性的职业、教育、健康和生育也都是有关女性和改革计划中经常出现的话题[2]。女性作为婚育文化的重要参与者，其婚育观念、审美意识与女性关怀不容忽视。服饰作为与女性息息相关的物化载体，其功用不仅仅体现为遮体保暖，更是一种文化符号，自古以来既体现了社会取向的兴趣（社会和象征秩序中男女间的关系），也体现了文化取向的兴趣（象征秩序本身）。随着时代的变迁，传统的服饰等级、形制图案、服饰制度不断被打破与重构，对婚育文化的传承不仅体现了对其背后承载文化的保护，也体现了对先祖文化的认同与重视，使中华传统文化的多样性不至于在"文化自由主义"的现代社会浪潮中被吞噬[3]。因此本书从女性婚育观的视角切入，在婚育观念动态的变迁中通过"观念之变"逐渐体现"习惯之变""审美之变"与"服饰之变"，并在观念与服饰的相互变迁中互为验证。

二、区域文化的挖掘可以丰富中华文化内涵

要坚定文化自信，推动社会主义文化繁荣兴盛。深入挖掘中华优秀传统文化蕴含的思想观念、人文精神、道德规范，结合时代要求继承创新，让中华文化展现出永久魅力和时代风采。中华文化是由不同的区域文化汇集而成的文化

体系，其中江南就是中华文化特别是汉族文化的重要代表地区。

以江南为区域背景的研究可以理解为一种小历史的研究。"小历史"，是"局部的"历史，如个人性的、地方性的历史，也是那些"常态的"历史。"大历史"，就是全局性的历史，如改朝换代的历史，重大事件、重要人物、典章制度的历史[4]。以小历史为基础，不断充盈大历史的全貌。需要不同学科的专家学者进行地方性、区域性的文化研究，是因为现今对"小历史"类区域研究并不完善，因此着眼于地方性、区域性的研究对完善中国大历史的文化全貌具有补充意义，区域文化的诠释对促进区域人文发展具有现实意义。江南于近代在东西方文化的碰撞下，经历着政治、文化的冲击与更迭，呈现出多元化的社会文化面貌与代表性的区域变迁形态。同时自古以来，其独特的政治、经济地位再次凸显了江南的区域典型性。江南的区域特殊性在于：其一，具有区域研究与变迁的代表性。自古以来，江南在南北文化的交汇中便是经济、文化、教育中心，是农业文明的发达地区。在近代，江南既是中国民族工业最早发祥地之一，又是农业社会向工业社会转型的先潮地区，其区域变迁与文化特征具有时代典型性。其二，具有区域女性意识与服饰文化的代表性。在文化上，江南是西方文明西学东渐的引领地区。随着新文化运动、妇女运动等以江南为中心区域兴起与展开，一系列的女性解放运动不断追求与探寻以女性为主体的"本我"与人权等问题，使江南成为近代社会女性意识与思潮的集中地。从服饰的角度来看，江南既是葛、麻、丝最早的起源地之一，在近代又是引领全国女性服饰的时尚中心。因此江南是近代西方文明最早注入、影响的地区之一，是近代农业社会向工业社会转型的先潮地区，是近代社会女性意识与思潮的集中地，又是引领全国女性服饰的时尚中心，具有区域与时代变迁的代表性与典型性。同时高度发达的经济生产力与社会文明程度，也使这一区域的女性意识及其影响下的服饰形象折射出独特的区域文化特征，映射出区域形态的社会性与文化性，成为区域传统服饰文化发展与研究中不可或缺的一部分。

三、"生命礼俗"的研究是重构与补充国人文化自信的重要组成部分

传统婚育文化包含"婚"与"育"两部分内容，这些片段在人类学上被称为"生命礼俗"。其是在现今社会经济、生产力高度发展之下，留存下来的主要"生命礼俗"。伴随着社会生活方式的急剧变化，婚育礼俗文化在传递与阐释过

程中逐渐发生变化。这些"生命礼俗"中涉及的民俗习惯、人文思想、审美趋势恰恰反映出一个民族的文化内涵与时代变迁，也是重构与补充国人文化自信的重要组成部分。

在历史的长河中，每一个时期的服饰无不关系着当时的政治、经济、文化和社会风俗等方面。服饰作为深深根植于特定文化模式中的社会活动的一种表现形式，标志着人类由蒙昧经历野蛮而走向文明的漫漫历程，与人类有着其他物品无法比拟的亲密关系。服饰的变化不完全是任性的、不可捉摸的，它反映着一个时代的思想，是时代的一面忠实的镜子。服饰从它诞生之日起就是一种带有浪漫色彩的文化创造[5]。婚育文化更加凸显了不同时期服饰文化的代表性，具有礼俗性、民俗性与社会性。近代江南婚育文化的研究对明晰传统婚育服饰文化体系具有补充作用，对补充国人对婚育文化的认识、明确婚育服饰形象的定位、坚定传统文化自信具有现实意义。

四、从不同视角看待文化整体性的需要

著名文学评论家、理论家王一川先生针对"艺术学理论下艺术学思考"曾提出多种类型的艺术史观念和思想的融通研究，从跨类型的艺术史现象中提炼一种或者共通的艺术史观念，由此展开通畅式研究，进行跨类型、多种观念的比较研究[6]。中国社会科学报在2015年10月发表题为《何以开展文化的量化研究》的文章，分别通过工具变量、调查实验法或准实验设计对文化开展研究[7]。同理，可运用跨学科的研究方法，从不同角度剖析事物的共通性与内生性。通过不同学科的交叉研究，融入社会学、人类学、经济学、艺术学、女性学、设计学等研究方法，深化本书对女性婚育观变迁的研究，探寻女性婚育观影响下婚育服饰的变迁过程，为近代中国女性服饰文化体系提供一定的理论依据，对增进现代女性群体的社会认同、增强女性价值观念的表达具有一定的参考与补充作用。

因此，本书在纺织科学与工程、服装设计与工程的学科背景下，以江南为区域背景，以近代女性婚育观为切入点，通过女性婚育观解读婚育服饰的变迁状态，进行纺织科学、社会学、人类学、艺术学、设计学等学科交叉研究，围绕女性婚育观与婚育服饰的变迁展开实证性、应用性研究，构建江南婚育服饰体系，探讨独具特色的江南婚育服饰变迁特征与具有区域特色的审美情趣及社会意识，为区域传统文化的弘扬与振兴提供了一定的历史理论依据。同时对特

定时期女性观念、意识、审美趋向的研究进一步补充近代婚育服饰理论体系，对增进女性群体社会认同以及女性群体的社会关怀具有重要的社会意义与现实意义。

第二节
研究对象及概念界定

本书主要讨论的是近代江南女性婚育观与其影响下婚育服饰体系的演变过程与互动关系。婚育观念与服饰的变迁呈现的都是一种动态的变化过程，既包含观念的变化，又包含以服饰为物化载体呈现的文化风貌的变化，体现一种相互映射、互为影响的动态发展过程。现对选题时间、区域、研究对象等涉及的相关概念具体界定如下。

一、时间范围——近代

本书研究的近代范围指1840—1949年。从历史角度界定中国近代史：从1840年鸦片战争到1949年中华人民共和国成立前，这也是中国半殖民地半封建社会的历史。中国近代史分为两个阶段，即从1840年鸦片战争到1919年五四运动前夕，是旧民主主义革命阶段；从1919年五四运动到1949年中华人民共和国成立前夕，是新民主主义革命阶段[8]。研究以服饰为载体，在服饰史的近代史时间段界定为1840—1949年，即清末至民国时期，这是一段传统与开放并存的历史时期，开放式的引进是以外来文化对传统文化的冲击而使传统文化逐渐解体为前提的，是那个特殊时期"西服东渐"现象的文化基础[9]。这一时代被喻为"三千余年一大变局"[10]，在中国传统文化与西方文化的交融、碰撞与汇聚下，不同文化区域的观念与服饰也产生了不同层次的影响与变化，观念的变化反映了服饰的变化。因此以史学与服装史对近代史时间段界定为基础，研究的"近代"范围指清末至民国这一时期（1840—1949年），探讨近代社会结构中女性的婚育观念变迁对服饰变迁的影响。

二、区域范围——江南

中国各地区间的文化从来不是封闭的，而是互相交流、融合的，形成了一个巨大的多元一体的中华文化区域，而江南是这个巨大文化圈中不可缺少的一部分。本书中的江南区域为今长江中下游平原的南部，属于长江三角洲所覆盖区域，大致包括今江苏南部、浙江北部和中部、上海等地区。主要为亚热带季风性气候，特点为四季分明，气候湿润，适农宜桑，湖泊众多，集江、河、湖、海及运河于一体，主要民族为汉族。历史上的江南并非天然的鱼米之乡，而是千百年来江南人民与自然灾害做斗争，用智慧和汗水浇灌出来的结果，正因如此才不断培养出江南人民主柔、善思、开拓的民风。同时，不同历史时期的移民迁徙也造就了江南善于吸纳、变化融合、与时俱进的文化特质。其中吴越文化是南方汉族文化的典型代表[9]。以所涵盖的代表城市为资料收集区域，对近代江南女性婚育观与其影响下的婚育服饰体系的整体性、变迁性、映射性做进一步研究与补充。

对于江南的区域范围诠释，学术界研究视角广泛。从江南的区域划分来看，江南的区域范围在不同的历史时期呈现出动态变化趋势。在较早的古代文献中，"江南"指特定的方位，并未有明确的地域界限，在文化地理认同上逐渐形成"江南平原"的共识[11]。江南平原古称吴或三吴。江南地区在历史上为吴越之地[9]。早期著名地方志古籍《吴地记》中对于古吴地的记录："按《史记》及《吴越春秋》记载，自禹治水以后，分定九州。《禹贡》扬州之域，吴国四至：东亘沧溟，西连荆鄢，南括越表，北临大江，盖吴国之本界也。"[12]其大意为：按《史记》及《吴越春秋》记载，自禹治水以后，天下分为九个地理区域。扬州为古九州之一，即今江苏、安徽、江西、浙江、福建等地。古吴地疆域最大时东至沧海，南至今浙江北部，隔钱塘江与越接界，西至江西的南部、北部并与楚接界，北至徐州、海州与宋、鲁、齐接界。汉时设置吴郡（会稽郡），辖境相当于今江苏省、上海市长江以南，大茅山以东，浙江长兴、吴兴、天目山以东，与建德市以下的钱塘江两岸[13]。三国时孙权所建的吴国，史称为东吴，首都开始建于吴县（今苏州），后来孙权筑石头城建业（今南京），领土有长江南部及部分北部地区，最南达交州（今越南北部）[14]。唐代划分江南道辖51个州，这个区域包括今浙、赣、湘、闽四省及苏、皖二省南部等地。自元代始，江南不再作为行政区名称，江苏省有时被称为"江南省"[15]。自此以后，"江南"一词越来越广泛地被用来指原来被称为吴、三吴或浙西（唐宋时期大致包括苏南、浙北及上海地区）等地区。区域范围主要以上海、南京为首尾，以苏州、无锡、常州、镇江为躯体，以杭州、嘉兴、湖州为节肢，旁及南通、扬州[16]。

从语言区域划分来看，吴语属于中国南方六大方言（吴、湘、粤、闽、赣、客）中历史最为久远的一种地方性语言。广义的吴语语言范围包括苏北启东、海门、靖江，浙江大部分地区，江西北部数县，苏南苏州、无锡、常州、上海地区；狭义的吴语语言范围指今苏州、无锡、常州一带，即所谓吴中地区[16]。方言追溯其源头都与历史上黄河中下游地区人民的几次移民活动有关，若以吴语的范围界定江南的区域，方言的名字与实地范围都有些偏离[17]。

从考古学角度来看，根据区域及周边出土的文物论定这一区域文化的同一性[18]。著名学者卫聚贤先生于20世纪30年代正式揭开吴文化的序幕并提出"吴越文化"概念，即根据太湖周边出土的文物论定这一区域文化的同一性。1949年中华人民共和国成立后，江苏、浙江设省，上海成为中央直辖市。针对吴越文化的研究主要分为三股研究力量：浙江以越文化为主，江苏南部以太湖流域为主，上海以海派文化为主[19]。这三股学术力量主要聚焦于考古文化研究范围，同时也为江南区域文化研究奠定了基础。

从区域文化角度来看，著名考古学家苏秉琦先生提出"考古学区系类型理论"[20]，认为在中国这样一个相对独立的古文化大区内，进一步分为六个文化区，包括以燕山南北长城地带为中心的北方，以山东为中心的东方，以关中（陕西）、晋南、豫西为中心的中原，以环太湖为中心的东南部，以环洞庭湖与四川盆地为中心的西南部，以鄱阳湖—珠江三角洲为中轴的南方。在此基础上，20世纪80年代，著名历史学家李学勤先生提出"文化圈"的概念，其核心观念就是中国的历史文化自古以来就是由多民族、多地区共同缔造的，也就是费孝通先生所说的"中华民族多元一体格局"[21]。广义的吴文化，泛指江南的文化，把吴国文化前后的源流以致后世江南文化的蓬勃发展都概括在内[16]。

基于学者们对江南区域的界定过程可看出，江南区域的界定从地理、历史层面的研究逐渐上升为区域文化的研究，进行了地理、历史、文化等多角度、多剖面的综合考量。因此，本书将江南的区域范围置于区域文化研究中，将"江南"作为一个整体性文化区域，进一步探讨此区域的文化趋同性。江南在明清两代是中国最发达的农业经济区，以苏州为中心的城镇层级结构，已经形成了区域性的市场网络体系，成为中国封建社会经济文化走向高峰的代表性区域[22]。近代以来，西方以坚船利炮攻破了清朝的闭关锁国，带来了西方工业科技文明，江南地区出现了一个社会大转型的先潮。上海因其地处中国沿海与腹地中部和万里长江黄金水道入海口的区域优势，较早受到近现代文化浸润，成为外国资本进入中国的前沿口岸。到20世纪初，上海一跃而成为中国第一大工商业城市，周边城市包括无锡、常州、苏州、扬州、南通、镇江、南京等在内成为民族工商业的聚集地。江南地区也在近代社会大转型中呈现出新的社会面貌。在这个区域范围内，不同时期形成了不同的政治、经济、文化中心，同时在文化上互相影响，因此以江南为区域整体来看待这一地区观念、服饰、文化的变迁更加具有时代性与整体性。

总之，本书对江南的研究是一种局部性的区域文化研究，强调的都是一种区域的文化特性，一种在区域范围内文化的趋同性，同时这一趋同性构成了中华文化中区域的差异性。此区域在近代历经了从农业社会向工业社会的转型，同时形成了一个集政治、经济、文化于一体的前沿区域，逐渐凸显为时代与区域特色相结合的文化整体。近代的江南是推动中国从农业社会进入工业社会的先行地区，是中西文化贯通的革新地区，是女性意识与思潮的集中地区，是女性服饰时尚的引领地区，是新的社会风尚、变革潮流、社会面貌形成的成功地区。无论是过去还是现在，江南地区都是中华文化整体中不可或缺的一部分，不同历史阶段的研究对江南区域文化的整体性与延续性都具有重要意义。

三、女性婚育观

用"女性"进行概念界定是因为近代特殊历史时期中涉及从传统的类别属性、第二性身份到近代的性别属性、第一性身份的转化，即强调"人"的价值。近代社会逐渐开始将男性与女性的社会身份放置于平等的位置，力图构建平等的两性秩序，因此在概念界定与行文中尽量使用"女性"一词，不包含引用内容。

"女性"是现代日常生活中经常使用的一个词语。"女性"在《现代汉语大词典》中的解释有两种，一种为人类两种性别之一，与男性相对，也是妇女的通称；另一种指女子的性格、性情[23]。目前对"女性"的解释是从女性的生理性与社会性方面展开的。在古代，《说文解字》中对"女"的解释是指妇人，即出嫁的女人，引申为女儿[24]。因此研究中国古代史的学者们通常以"妇女""女子"对中国古代语境中"女"之性别进行界定。美国学者白露（Barlow）认为在中国古文的传统语境中并没有女性（women）这一身份属性[25]。美国学者高彦颐（Dorothy Ko）认为在古文的语境中，"妇女"既可以专指"已婚的女人"，也可以泛指"妇+女"，涵盖"在家"及"出嫁"的女人[26]。因为依据古汉语，"性"的最初意义为人的本性[27]，而"女性"最初的意思为"女之特性"，并不凸显女子的生理特性。在儒家秩序中，女作为一种类别属性，是依据在婚姻家庭关系中的位置确立女性的类别，如已出嫁者为妇、未出嫁者为女。学者李志生在《中国古代妇女史研究入门》中指出：在中国古代社会的实际语境中，并不存在一个超越人伦关系和社会身份的"妇女"概念。但凡为"女"、为"妇"、为"母"者，都生活于具体的人伦关系和社会等级中，每个人只有根据自己在亲属关系中的角色，只有依照自己的社会身份立身行事，才能获得家庭和社会的认可[28]。"女性"一词在近代出现时，是"女+性"的复合词[29]。如果说古代女性在社会中强调一种类别属性，那么近代女性在社会中更多强调性别属性，即作为"人"的存在。这个时机就是新文化运动，新文化运动在破坏以父子为纵轴的儒家秩序时，也提供了一个以两性为横轴的现代社会秩序的蓝图[30]。江南女性群体的家庭背景多样。在社会的一端，她们大多来自书香门第，也有些来自高层的政治、知识等精英家庭；在另一端，她们也来自普通家庭（包括农民、小商户等）。随着社会制度、思想潮流、经济、社会行业等的变动，女性群体逐渐细分化。女性的观念也在时代的发展中不断变动，显现出女性观念的承接性与变化性。

婚育观按字面上理解即指婚育观念，指结婚与生育的观念。目前在百度百科和《现代汉语大词典》中尚未有"婚育观念"的准确定义。婚育，从现代汉语来看是指结婚生育[23]。但古代所用"婚育"是指"婚"与"育"。《康熙字典》中注：婚音昏，婚姻，嫁也。育，既生既育，又幼稚也[31]。根据《康熙字典》中的解释可知："婚"是指结婚；"育"指生、育、幼儿三种意思，"幼稚"指幼儿。同时"育"在通假字中通"幼"，指幼儿[32]，在吴语中也有小孩之意[33]。综上来看，"婚"指代结婚，"育"包含生育、抚养、小孩三种意思。

"观念"，从狭义上来说，不是由当前外界事物直接引起的反映，而是以前事物的形象在人的头脑中的再现，在这种意义上的观念就是表象。从广义上来说，凡是外界事物在人的头脑中的反映都是观念，在这种意义上，观念就是思想[34]。因此观念是客观事物在人脑中的一种反映，既是一种表象，也是一种思想，并包含着过去与现在想法的持续性存在。婚育观念可以理解为总体观念的一个层面或其中的一个角度。

同时，学界也有对婚育观念的定义。在《中国女性百科全书》中提到的婚育观念，是指婚姻观念和生育观念，是人们对婚姻、生育问题相对稳定的看法和主张。婚育观念与社会发展的不同阶段、不同国家乃至不同家庭的社会伦理观念和价值观念都有着密切的联系[35]。学者潘贵玉在《婚育观念通论》中对婚育观的定义为：通常是指哲学上的狭义定义，反映人们对婚育现象的基本认识，是人们对婚姻、性、生育和家庭行为与关系态度及其价值取向的总和[36]。

综合以上词源与观点，"女性婚育观"指近代江南女性对待结婚、生育、育儿的态度与主张。婚育观念是总的社会价值观念体系的一部分。任何时代妇女的观念总是与那个时代的文化——包括传统文化——紧密联系在一起[28]。因此，近代江南女性婚育观的发展阶段主要包括传统期与转型期，探讨内容主要从婚姻态度、婚育行为、贞节观念三方面进行论述。贞节观念的代表性在于其经历了自宋、元、明、清至近代的长久论战。但宋至清是以儒家思想为核心，围绕对女性的训导与规范所进行的论战。至近代，随着新文化运动、妇女解放运动、民族解放运动等交织在一起以及对儒家思想中贞节观念的彻底性粉碎，使之构成了近代中国非常特殊的一股思想潮流。因此古往今来，贞节观念对女性婚育观的变化产生了深刻的影响。本书对近代江南女性婚育观的提炼与论证并不包含全部近代江南女性婚育观，只是针对其中具有典型性的部分进行论述。以社会性别视角，结合史料以及对以往研究成果的梳理，在探讨近代江南女性婚育观传统期与转型期的变化时，将近代女性婚育观的研究置于近代的社会文化背景下，对近代江南典型性女性婚育观进行解析。

四、婚育服饰

目前，在百度百科和《现代汉语大词典》中尚未有对"婚育服饰"的准确定义。依据上述对"婚育"的概念界定可知，"婚"指代结婚，"育"包含生育、抚养、小孩三种意思。因此一般意义上理解，婚育服饰应包含了从结婚、育儿到小孩所穿的服饰。根据人体不同生命体征时期的变化，其中包含了结婚时期的服饰、怀孕时期的服饰、哺乳时期的服饰、婴儿时期的服饰与幼儿时期的服饰等。关于生育服饰或者怀孕时期的服饰以及哺乳时期的服饰，在古代与近代没有特别指代的服装类型，大多也没有"孕妇装""哺乳装"的特定概念，多以常服为主，在服饰的功能性中涉及怀孕与哺乳时期穿着的功能，对此本书暂不讨论。

"婚育服饰"主要以最具有代表性的婚礼服饰与育俗服饰为载体，包括女性婚服与儿童育服（诞生礼仪服饰及相关幼童服饰）。由于幼童的服饰也在一定程度上反映了母亲的意识，因此延伸至与育俗相关的幼童服饰探讨，力图建构相对完整的在女性婚育观影响下的婚育服饰体系。幼童主要指幼儿，从生理年龄构造上来说，为一周岁到六七岁的儿童[37]。在近代婚育服饰形制、材质、变迁形态分类论述中，运用"女性婚服"与"育服"进行说明。

在对江南服饰的众多研究中，可划分为对江南城镇服饰的研究与对江南水乡服饰的研究。相对于江南城镇服饰的千变万化，水乡服饰的变化在中国改革开放以前相对稳定，在相当长的一段时间内都保持着相似的服装形式。因此本书侧重论述近代江南城镇婚育服饰，涉及城镇着装与乡村、水乡婚育服饰的着装形式。

《中国衣冠服饰大辞典》中对"服饰"的定义为，服饰是服装和首饰的总称，泛指各种人体装饰的总称，包含冠巾、发式、妆饰、衣服、裤裳、鞋履、饰物等[38]。本书所研究的婚育服饰范围主要包含衣服、裤裳（裤与裙）、鞋履（足衣）、首服、婚育相关的典型性配件，暂不讨论冠巾、发式和妆饰（面饰）。

五、女性婚育观与婚育服饰的相互关系

女性婚育观赋予婚育服饰存在性、合理性特征。婚育服饰反过来确认女性婚育观的映射性与关照性。女性婚育观与婚育服饰相互影响。

首先，有什么样的观念就会有什么样的服饰。在传统社会中，中国传统服饰形制以观念至上。儒学是中国传统文化的核心，从历史演变过程来看，它在整个传统文化体系中占据主导地位。它形成于先秦，在两汉时期确立了统治地位，宋明时期又进一步哲理化。作为历史上特定的一种意识形态，它的存在与延续遵循其内在的逻辑发展规律[39]。自汉武帝"独尊儒术"以来，2000多年的封建社会都以儒家思想为主导。儒家在继承周礼的基础上，形成了以礼为核心的社会主流思想并渗透于社会文化的各个层面，在婚育观念中亦是如此。所谓"礼"，是经国家，定社稷，序民人，利后嗣者也[40]。意思是礼是治理国家，安定社稷，使百姓有秩序，使后代有利的制度。在礼的框架下，服饰被视为"治天下之道""顺天道之术""正人心之法"[41]，同时凸显出尊卑有分、上下有序、男女有别的服饰形态和社会秩序。在此基础上，传统婚育服饰也有特定的服饰

形式。至近代，随着西学东渐兴起，西方的文明观念开始传入中国。西方的文明观念被用来衡量全球版图上不同区域人群的发展状态和发展程度。在西方文明标准中，对待女性的方式是衡量社会开化和文明程度的一个内在标准。因此伴随西方文明观念传入中国，社会生活的组织化也成为近代中国的一个实际诉求。在这种社会背景下，传统女性婚育观产生了变化，更强调"人"的价值、对本我的追求、人的物质与精神需求的满足，因此婚育服饰也逐渐产生了变化性与意识性。著名报人、小说家包天笑先生［1876—1973年，江苏吴县（今苏州）人］在其著作《衣食住行的百年变迁》中感叹：自古迄今，人类的衣服，无代不有变迁，确是近百年来变迁得最迅捷、最复杂、最神奇、最荒诞[42]。其中不乏婚育服饰的变化。

其次，婚育服饰的变化又映射出婚育观念的变化。所谓衣食住行，服饰是社会运行中必不可少的基础，同时服饰也是一种载体。马克思说过，经济基础决定上层建筑，服饰不仅是一种物质基础，也体现出"上层"的观念。每个民族的穿戴历史，不仅仅是从式样上看到服饰的流变，也从流变中剥离出社会的价值取向与有价值的内涵[41]。传统婚育服饰一直秉承反古复始的继承观。所谓"反古复始"就是不忘本[43]。历朝历代的婚育服饰都在周而复始地完善、继承以"礼"为核心的服饰制度。至近代，婚育服饰打破了尊卑有分、上下有序的服饰秩序。婚育服饰不断推陈出新，不断显现西化的趋势，这不仅仅体现出对传统礼制的僭越，更体现出一种对社会秩序重构的改革。这种服饰的革命，恰好映射出近代追求社会文明化与组织化的民族诉求，也映射出中西参半观念的存在性与女性观念意识性的变化。

第三节

国内外研究现状

随着我国综合国力的提升与三孩政策的全面放开，关于女性婚育、女性社会价值认同以及女性文化等的研究逐渐成为国内外学者关注的焦点，并取得了显著成果。以下主要围绕"女性婚育观""婚育服饰""江南"三个方面对国内外研究现状进行梳理，以明确在研究内容和背景等方面的情况。

一、国内研究现状

现对"女性婚育观""婚育服饰""江南"的相关研究成果按照期刊论文、硕博士论文、国内出版专著情况进行如下梳理。

（一）女性婚育观

在全国人口老龄化和非均衡生育问题凸显的背景下，女性婚育政策的调整显得尤为迫切，同时，对女性群体在婚育问题上的社会关怀研究越发重要[44]。总体而言，女性婚育观的研究呈现出多学科交叉的特点，涉及社会学、人类学、人口学、物理学、民俗学、马克思主义理论等多个领域。研究内容主要集中在婚育观主体、以婚育观为载体、观念传播、婚育模式以及婚育观与社会变迁等方面。其中，在婚育观与社会变迁的研究中，婚姻观念及其物化形式（如婚礼仪式、婚礼服饰等）成为重要内容。对婚育观的具体内容研究主要集中在婚育年龄、婚姻自主权、婚育意愿、生育目的、生育子女数量、生育性别偏好、择偶观等方面，并进一步延伸至亲子关系、妇女解放、通婚距离、离婚观与养老观念等议题。

在婚育观主体的研究方面，主要通过调查问卷的形式进行数据统计，内容集中在初婚初育年龄、婚育意愿、生育目的、生育子女数量、生育性别偏好等方面，并进一步涉及婚姻形式、择偶要求、养老观念等内容。例如，梅志强等的《不同年代育龄妇女婚育观及其变化的回顾性研究》[45]和张瑞等的《清光绪年间出生的妇女婚育状况——河北省90～94岁妇女婚育状况的回顾性调查》[46]研究主要从初婚初育年龄、生育子女数、性别偏爱、生育目的方面进行比较研究；陈师闯等的《浙江省已婚育龄群众婚育观念变化调查报告》[47]研究则从初婚年龄及意愿、生育子女数量意愿、生育目的及养老观念方面进行婚育观念的调查分析；王涤的《关于当前婚育观念变化的几个问题的探讨》[48]以问卷调查形式，主要针对婚龄育龄、生育子女性别意愿、生育子女数量进行探讨；张丽虹的《彝族妇女婚育观念变迁研究——基于对云南姚安县大河口乡涟水村的调查》[49]对彝族妇女婚育观念变迁主要从婚姻形式、结婚年龄、生育数量与生育性别偏好方面进行探讨。

在以婚育观为载体的研究方面，主要从生育需求、思想观念与习俗出发探讨婚育观念。例如，周双超的《从生育需求的演进看婚育观念的进步》[50]从生育需求的变化探讨婚育观念的变化与原因；顾鉴塘的《儒家学说对传统婚育观念和家庭伦理关系影响探讨——兼论对儒学几个观念的理解和再释》[51]研究儒家学说对中国传统婚育观念和家庭伦理关系以及妇女地位的影响；沈良杰等的《彝族支格阿鲁文化中的婚姻习俗及婚育观念析述》[52]则从少数民族婚姻习俗的讨论入手反映婚育观念。

在硕博士论文检索方面，博士论文主要集中在人口学、物理学等学科，偏向以实证性、史论性、理论分析、定量等研究方法探讨观念的传播与婚育观念、婚姻与家庭模式的相互关系。硕士论文主要集中在民俗学、马克思主义理论、社会学等学科，多以个案形式探讨婚育观念、婚姻价值观、婚育意愿、婚育观与社会变迁。其中，婚育观与社会变迁的研究涉及观念与其物化形式（礼仪、服饰）的内容。博士论文主要集中在观念的传播与婚育观念的相互关系以及以家庭为单位的婚育模式研究。例如，上海交通大学蒋功成的《优生学的传播与中国近代的婚育观念》[53]对优生学进行了概念界定，在探讨"中国近代的婚育观念"时主要分为婚姻观、亲子观与生育观。婚姻观的具体内容包含择偶观与恋爱观，亲子观与生育观的具体内容包含亲子关系与妇女解放。研究资料涉及国外研究成果、文学作品中对择偶观与恋爱观的提炼。中国社会科学院研究生院王跃生的《1930—1990：华北农村婚姻家庭变动研究》[54]在婚姻家庭变动的研究中涉及婚姻与生育的变动，具体内容包含初婚初育年龄、生育子女数量与通婚距离等。硕士论文主要集中在对特定区域群体婚育观的研究、婚育观与社会变迁的研究两方面。在对特定区域群体婚育观的研究方面，例如，王璞华的《改革开放以来兵团维吾尔族婚育观嬗变研究——以农八师133团9连为例》[55]将婚育观分为婚姻观与生育观，对婚姻观的探讨主要基于初婚年龄、择偶标准、择偶方式、择偶范围与离婚观五个方面；对生育观的探讨主要基于生育目的、生育数量预期、生育性别偏好、生育质量预期四个方面。陈果的《我国农民婚育观念变迁及价值审视》[56]针对中华人民共和国成立前至改革开放我国农民婚育观念变迁进行研究，涉及传统婚育观念的研究，主要内容包含婚育行为、性别偏好、婚育目的等。在婚育观与社会变迁的研究方面，例如，崔丛聪的《乡土社会婚育观念变迁研究——以济南市大涧沟村为例》[57]对传统婚育观念的探讨主要基于婚姻自主权、生育目的与行为方面，同时从人生礼仪与口述访谈中提取婚育观念；贲小丽的《清末民初江浙地区女性婚姻价值观研究》[58]以社会性别分析视角切入,研究女性婚姻价值观与社会变迁的相互关系,具体研究内容包含婚姻自主权、择偶观、初婚年龄,并探讨其物质形态,如婚姻仪式和婚礼服饰。

在国内出版专著方面,研究主要集中在以下方面。

其一,以通论、史论为主导的针对婚姻、生育、婚育观的研究,其中以婚姻、生育为专题的著作较多,理论的概括性、系统性较强。例如,学者潘贵玉的《婚育观念通论》[36]是生育文化学的基础理论研究专著,内容包括婚育观念产生的历史背景、社会背景、生产力状况以及婚育观念的内涵和基本特征;学者陈鹏的《中国婚姻史稿》[59]对我国婚姻状态、婚礼、订婚、结婚、媵妾、赘婿与养媳等婚姻制度的源流进行了论述;学者李衡眉的《中国古代婚姻史论集》[60]是对中国古代婚姻进行多角度系统研究,包含对婚姻形态、婚姻制度与婚姻习俗的研究;学者费孝通先生所著《生育制度》[61]不局限于探讨生育问题本身,而包含因种族繁衍的需要而衍生的一切满足这种需要的事物、制度,涉及配偶的选择、婚姻关系、家庭组织、父母的权利、社会继替、亲属的扩展等;清代唐千顷所著《大生要旨》[62]刊于乾隆二十七年(1762年),其中涉及生育观念源流的论述。

其二,在特定时代背景下对特定女性群体婚育相关问题的专题性研究。主要从社会文化史(人类学、生活史、民俗学、地方志)与性别视角切入,多以实证研究、个案研究为主,在女性文化或女性家庭文化的研究中,部分有探讨女性婚育现象、女性婚育问题、女性婚育意识等内容。主要成果有学者夏晓虹所著《晚清女性与近代中国》[63]以社会性别分析视角切入,以女性问题为透视晚清社会的窗口,重新构建晚清生活图景,分析过程中以个案着手,展现出晚清女性从生活形态到思想意识的变化,涉及对近代新式婚礼、近代生育观念的相关内容;学者郭松义的《中国妇女通史·清代卷》[64]与郑永福等的《中国妇女通史(民国卷)》[65]以详尽的史料分析清代、民国女性婚姻和家庭与生育,在婚姻和家庭的研究中包含婚姻制度、贞节观念等;学者余华林的《"女性"的重塑:民国城市妇女婚姻问题研究》[66]重点考察了民国时期新式婚姻观念与社会现实之间的互动关系;学者常建华的《婚姻内外的古代女性》[67]婚姻部分论述了包办婚姻、婚龄构成、婚姻范围、择配标准、婚姻程序、夫妻关系、婚姻解除、妇女再婚、特殊婚嫁等问题。

总体而言,对女性婚育观的学术关注度正逐步攀升,呈现出多学科交叉、研究视角与方法日益精细化的特点。研究逐渐聚焦于特定时代背景下特定女性群体的婚育问题，且多从社会性别视角展开专题性探讨。在婚育观与社会变迁的关联研究中，婚姻观念及其物化形式（如婚礼仪式、婚礼服饰等）成为重要议题。以上研究成果为本书在女性婚育观的研究内容、视角、溯源等方面提供了有益的指导与参考，为深入探究女性婚育观的演变及其社会影响奠定了坚实的基础。

（二）婚育服饰

从整体学科来看，研究多集中在婚礼服饰，儿童服饰或育俗服饰研究相对较少。研究内容主要集中在服饰与社会变迁、习俗与服饰、服饰图案研究、观念与服饰研究、服饰主体等。2015年后研究主题呈现三大转向：从婚俗服饰的单体研究转向婚育文化系统研究；从历时性描述转向共时性比较研究；从物质形态分析转向文化符号解码。

在期刊文献方面，女性婚育服饰研究主要探讨服饰与婚俗、社会变革与服饰现象的相互关系。例如，高蓉、张竞琼的《基于〈点石斋画报〉的清末婚嫁服饰研究》[68]从区域划分和地区差异角度分析清末婚嫁服饰形制及其特征，探讨其与婚俗的关系；李洪坤等的《近代汉族民间服饰变革的政治与文化解读》[69]在政治革新、西风东渐的背景下，探讨社会变革与服饰现象的变化。儿童服饰研究主要集中在观念与服饰、儿童服饰主体、育俗图案等方面。例如，许星的《中国传统儿童服饰习俗的形式与内涵初探》[70]探讨汉族民间习俗、传统生活方式和观念对儿童服饰形制度、成因和文化心理的影响。其中涉及对传统生育观念诸如"对性别的偏重""重男轻女"等在习俗与婴幼儿、儿童服饰中的体现，对由观念探讨服饰的呈现提供了一定指导。宋丙玲的《唐代儿童服饰探究——以儿童图像为中心的考察》[71]对唐代儿童的发式、服装、鞋帽及首饰进行分析；李荣、张竞琼的《近代中国西式童装款式与结构》[72]从城乡之差、西风东渐、思想家的呼吁三个角度，分析了近代中国童装发生变革的原因；崔荣荣等的《民间服饰中的"乞子"主题纹饰》[73]以与生育、情爱相关的图案纹样为载体看待生育文化内涵。

在硕博士论文方面，学科多集中在纺织科学与工程、服装设计与工程、设计学、美术学等方面，偏向以特定区域、女性服饰变迁中对婚礼服饰、儿童服饰的研究。博士论文主要集中在服饰变迁与社会的研究，具体内容涉及区域服饰变迁与社会形态，区域服饰变迁与社会、文化传播间的相互关系。具体内容如下。

其一，以服饰变化反映社会形态变迁。例如，江南大学邢乐的博士论文《近代中原地区汉族服饰文化流变与其现代传播研究》[74]涉及近代中原地区婚礼礼仪服饰与诞生礼仪服饰的变化探讨，从服饰的变化现象体现社会发展规律与区域文化特征，同时考析服饰作为文化传播媒介与社会变革的相互关系；江南大学亓延的博士论文《近代山东服饰研究》[75]从服饰形态、服饰习俗、历史演变、地理分布特征、齐鲁文化体现等方面分析了近代山东服饰形成和发展的区域特征，其中涉及对近代山东地区婚礼礼仪服饰与诞生礼仪服饰的变化探讨，通过婚俗、育俗以及相关服饰的变化论证社会形态的变迁。

其二，以观念、风俗探讨服饰形态变化。例如，苏州大学李雁的博士论文《中国古代儿童服饰研究》[76]以古代儿童服饰为主体，在针对古代儿童服饰发展中对唐、宋、辽金夏元、明清的婚姻观、生育观与儿童教育进行论述，也探讨了婚姻观与生育观相应的风俗，但在各朝代相对应的儿童服饰章节中并未直接说明以上观念与服饰的联系；江南大学牛犁的博士论文《汉族特殊族群（惠安女和高山汉）女性服饰研究》[77]从汉族特殊族群（惠安女和高山汉）婚俗与育俗等习俗出发，探讨风俗中衍生的女性婚礼服饰与儿童服装配件的服饰形态；苏州大学薛方宁的硕士论文《民国时期江南婚俗服饰探究》[78]以民国时期江南地区婚俗的变化探讨婚礼服饰的变化以及产生变化的社会原因；天津工业大学赵妍的硕士论文《民族服饰图案与宗教的关系——道教对我国传统服饰图案的影响》[79]，其中涉及对育俗相关图案的表达以及与宗教间的联系的论述。

其三，对服饰主体的研究。例如，苏州大学王巧的硕士论文《中西方婚礼服发展比较研究》[80]，以同一时期中西方婚礼服装形态进行比较，其中涉及近代中国婚服与西方文化结合的服饰形态的介绍；东华大学程星洁的硕士论文《女性婚礼服基础衣胸腰结构研究》[81]，基于服装工效学、人体解剖学、力学等多学科理论，通过非接触式三维人体扫描仪、马丁测量仪对人体进行测量，针对女性婚礼服的服装结构进行研究；江南大学邓雅的硕士论文《探究我国汉族女性婚礼服的演变和创新》[82]，涉及从古代至近现代我国汉族女性婚礼服饰形象的变化与成因；东华大学斐氏璧恒的硕士论文《越南传统童装的特点分析与设计应用》[83]，以越南儿童服装为研究对象，对越南每个朝代的儿童服装特点进行归纳，提炼出具有代表性的服装特点并运用于现代童装设计。

硕士论文主要集中在服饰与社会变迁、习俗与服饰、以服饰为主体的研究。在服饰与社会变迁方面，具体内容涉及女性婚服、服装与观念、裁剪结构。江南大学李洪坤的硕士论文《近代文化语境下汉族民间女装的变革与创新应用》[84]以社会文化的变迁探讨女装服饰的变迁，其中涉及近代传统女性婚服现象与文化的象征关系，以及女性婚服变迁的象征意义；北京服装学院段冰清的硕士论文《清末民初中原地区民间婚服研究》[85]涉及社会环境中思想文化、民间习俗、政治变革对中原地区民间婚服的影响；江南大学陈黎琰的硕士论文《从近代江南女性服饰探究女性生活方式的变迁》[86]以女性服饰的变迁探讨女性生活方式的变迁，其中涉及女性婚服、婚俗与女性婚姻生活的变迁，探讨了婚礼服装与女性婚姻自主及择偶等观念的联系。在习俗与服饰方面，例如，江南大学袁秋芸的硕士论文《从民国时期的〈妇女杂志〉看中国近代婚礼服的变迁》[87]，以近代期刊中的服饰形象为研究对象，分析近代婚俗与婚礼服饰的变化，通过习俗的变化看待服饰的变化，再看待社会审美观、社会思潮与女性地位的变化；还有薛方宁《民国时期江南婚俗服饰探究》[78]、高蓉、张竞琼《基于〈点石斋画报〉的清末婚嫁服饰研究》[68]等。在以服饰为主体方面，例如，东华大学许悦的硕士论文《清后期四份嫁妆清单中的服饰研究》[88]以清代宫廷嫁妆清单为研究对象，对嫁妆清单中涉及的服装形制、颜色与织物面料进行考证。

在国内出版专著方面，研究主要集中在以下方面。

其一，以通论、史论为主导的针对婚育服饰相关的研究。针对女性服饰进行考古资料梳理、图片收集、实物收集等研究成果。例如，学者黄能馥、陈娟娟所著《中国服饰史》[89]中通过大量历史介绍论述了各时期服饰的演变过程；学者包铭新所著《近代中国女装实录》[90]中采用大量图片资料对近代女装形制的演变进行实证分析；学者周锡保所著《中国古代服饰史》[91]中针对近代辛亥革命后的服饰演变进行了探讨，并依据区域、职业、社会阶层以及服饰类型进行了分类；学者廖军、许星所著《中国服饰百年》[92]中对清末至改革开放的服装，其中包含清末与民国时期典型服饰现象与着装现象进行了详尽论述。

其二，从社会变迁中看待服饰变化形态，其中涵盖了对近代女性婚服变迁的研究。例如，学者张竞琼所著《从一元到二元：近代中国服装的传承经脉》[93]分析了我国近代服装变迁的依据与动力，以及这种变化的成因；学者崔荣荣等所著《明代以来汉族民间服饰变革与社会变迁（1368—1949年）》[94]运用社会性别视角，主要研究服饰文化与社会变迁的相关性，部分内容涉及民国时期女性婚礼服饰演变的研究。

总体来说，随着服饰类别的细化，专题性服饰的研究具有较大的发展空间。对婚育服饰的研究主要集中在女性婚礼服饰和儿童服饰方面。研究方向逐渐偏向多维度、多视角探讨环境、观念与服饰间的双向或多向关系，为本书提供了一定的理论参考。

（三）江南

江南地区以其独特的地理环境、社会结构与文化氛围孕育了别具一格的女性群体。近年来，学界对江南女性的关注持续升温，研究成果涵盖历史、文学、社会学、艺术设计等多个领域。

在期刊论文方面，研究主要聚焦文化与社会背景、社会生活与性别角色、思想观念与女性意识等方面。在文化与社会背景方面，江南地区的文学作品与艺术创作成为研究女性文化与社会地位的重要窗口，反映出当时女性的生活状态、思想情感以及社会对女性的认知与期待。江南文化与女性之间存在相互塑造的关系，女性在江南文化的传承与发展过程中发挥着独特作用，同时也受到江南文化的深刻影响。例如，杨俊光的《吴歌中人生礼仪的文化研究》[95]论述吴歌中反映婚姻礼仪的民俗内容；苏思涵等的《明传奇中的吴地婚俗文化——以沈璟和梁辰鱼的戏曲为例》[96]从明代南方长篇戏曲中提炼江南婚俗形式、婚姻态度、价值取向等内容。在社会生活与性别角色方面，从女性知识结构、活动范围、婚姻方式、意识形态四个方面对近代江南地区社会转型与女性文化的变迁进行探讨[97]。缪良云的《吴服春秋》[98]对江南水乡服饰中的女性服装的基本构成、历史渊源、人文背景、审美价值等方面加以分析。在思想观念与女性意识方面，许周鹣的《古代吴地妇女再婚观》[99]从不同层面的社会习俗对古代江南地区妇女再婚观演变进行梳理。张国洪的《吴地传统生育观概述——吴地传统人口思想的民俗学考察》[100]通过民俗探讨传统生育观念。

在硕博士论文方面，研究多集中在对江南女性及其服饰的研究。研究学科多集中在中国古代文学、中国史、中国近现代史、艺术学、中国古代史、设计学等。博士论文方面主要集中在对江南女性的相关研究。例如，吉林大学赵郁飞的博士论文《近百年女性词史研究》[101]中涉及清朝民国时期江南的女词人与女性词，研究了由词所反映的女词人在国家形态转型下的态度与精神困境，但未涉及相关婚育观念的内容。在硕士论文方面，主要集中在江南女性服饰方面的研究，例如，钱元龙的《江南妇女传统配饰研究》[102]主要对于江南水乡妇女传统配饰的研究。综合区域文化对江南妇女传统配饰的形成的影响，从色彩、工艺、实用性与文化内涵等方面对江南妇女传统配饰进行分类研究。

通过中国知网（CNKI）对"纺织科学与工程"的学科检索，相关的研究主要集中在纺织技术历史与发展、织物面料、服装市场、服饰研究四个方面内容。研究时间多集中在近代，其中在服饰研究方面多集中在对女装新风貌与水乡女性服饰的研究。具体内容如下。

其一，纺织技术历史与发展的研究。例如，东华大学肖爱丽的博士论文《上海近代纺织技术的引进与创新——基于〈申报〉的综合研究》[103]，以江南区域中的上海作为代表城市，综合对近代上海缫丝业与丝织业、棉纺织业、毛纺织业、印染业、针织业的发展状况进行分析，探讨近代上海纺织工业的发展对社会、经济、文化等方面的影响；东华大学曹振宇的博士论文《中国近代合成染料生产及染色技术发展研究》[104]，在区域范围中涉及上海、无锡、常州等纺织印染工业，通过文献研究、对比分析、个案研究等方式，对我国近代合成染料的应用、生产、染色技术、染色工业的发展状况进行研究。

其二，织物面料相关研究。例如，东华大学徐铮的博士论文《民国时期（1912—1949年）机器丝织品种和图案研究》[105]，以江南作为区域背景，涉及上海、苏州、杭州、南京等丝织业生产中心代表性城市，以民国时期最具有代表性的机器梭织丝织物作为研究对象，立足于上海美亚丝绸厂的档案资料，在实证分析的基础上对丝织业生产中心的演变过程和丝织物品种的分类、特点、图案、字牌进行研究；苏州大学管静的博士论文《南京云锦的传承与发展研究》[106]，以南京云锦作为研究对象，通过历史脉络梳理、文献资料归纳、个案比照分析等研究手段，剖析云锦在历史、文化、艺术、社会、经济、精神等多方面价值，以及传承的现实意义。

其三，服装市场相关研究。例如：江南大学翟梅宇的硕士论文《民国时期上海地区时装业研究》[107]，以民国时期的上海作为时间、区域背景，采用产业组织理论的结构—行为—绩效模型（Structure-Conduct-Performance Model, SCP）作为分析框架对此区域时装行业特点、发展成因、市场结构等进行分析。

其四，服饰相关研究。例如，东华大学万芳的硕士论文《民国时期上海女装西化现象研究》[108]，以民国时期的上海作为时间、区域背景，探讨此区域女装西化现象的服饰特点、成因及社会影响。通过对女装造型、面料、辅料的论述并结合史料，进一步划分女装西化的发展阶段；江南大学宋倩的硕士论文《苏南水乡妇女服饰的装饰工艺研究》[109]，对苏州以东的胜浦、甪直、唯亭、渭塘、陆家、跨塘、陆慕、锦溪、周庄、石浦等地水乡妇女服饰的服饰形态与装饰工艺进行分析；江南大学张静的硕士论文《近现代闽南、江南、皖南地区民间妇女服饰比较》[110]，其中涉及江南水乡妇女服饰品种、形制、装饰、色彩的研究。苏州大学陈渊峰的硕士论文《近代中国妇女解放运动与女性服饰剧变》[111]，以妇女解放运动的视角论述在此影响下的女性服装的变革，从妇女解放运动探讨女性服装的变化，但未涉及婚育服饰的内容。

在国内出版专著方面，研究主要介绍江南的历史、人文、服饰、民俗、非遗等诸多方面的学术成果，理论性、概括性较强。例如，吴恩培所著《吴文化概论》[112]涉及江南社会生活、教育、文学、戏曲、书画、民俗等内容的研究；魏采苹等所著《吴地服饰文化》[113]对江南水乡服饰进行了研究；曹金华所著《吴地民风演变》[114]涉及江南吴地民风由尚武到尚文的嬗变历史过程。

综上所述，对江南的研究涵盖对女性、服饰、观念的研究。在"婚育服饰"研究方面，研究方向逐渐偏向多维度、多视角探讨环境、观念与服饰间的双向或多向关系。在观念与服饰研究方面，涉及婚育观与婚育服饰的相关研究；在以江南区域为背景的地域女性研究方面，包含对江南女性、服饰、观念等主题的研究，在研究资料方面为本书提供了指导方向与学术参考。

二、国外研究现状

在国外有关中国的研究中，"中国学"是一个兴起于第二次世界大战以后的比较年轻的学科。其中，中国妇女问题是中国学的研究内容之一。这不仅来源于中国女性文化在历史长河中显示的独特性，也来源于近半个世纪以来中国妇女状况的惊人变化，因此引起了众多国外学者的极大兴趣[115]。以下主要围绕国外对于"中国女性婚育观""中国近代女性服饰与婚育服饰""近代江南"三部分内容进行研究现状的梳理，相关研究成果如下。

（一）中国女性婚育观

女性学的概念来自西方国家，源于20世纪60—70年代的美国黑人运动和妇女运动，也称妇女学（women's studies）。针对女性观念的研究涵盖在女性学的研究体系之下。对于中国女性相关问题的研究，国外学术领域经历了从20世纪70年代社会主义的女权时期、20世纪80年代批判的女权主义时期到20世纪90年代以后多元化的妇女与社会性别研究历程的变化[116]。女性学是认识女性的知识与理论体系，解析女性的本质、女性的特征、女性观念、女性问题与性别秩序、女性的生存状态、妇女运动、女性发展等基本概念[117]。在对于女性学的研究中，社会性别分析是观察女性、揭示两性异同的一个视角[118]。至于对解析社会性别是如何被建构的，性别等级制度是怎样生产的，又是怎样被复制、被再生产的，男性中心文化构成要素是什么，它与权力、资源的占有与分配又是什么关系等问题，还必须把它放到一定的历史范畴之内，去考察它的历史起源与它的前提条件，考察它经过了哪些主要阶段，并以此为根据去认识它的现在，推断它的未来[119]。

目前国外学术界对中国女性研究呈现多元化的研究面貌，越来越多的研究者开始尝试重新建构中国女性在不同历史时期的女性文化图景，其中就包含了女性在社会、政治、婚姻、家庭各个方面所扮演的角色，以及女性在社会中的能动作用。研究范围侧重于文学、哲学、口述史、社会学、经济学、政治学等诸多方面。同时也引领了目前国内学者对中国近代女性研究的相关趋势。在自身检索能力范围内，涉及中国女性观念或婚育观念的研究焦点主要集中在以下几个方面。

其一，对特定时代特定女性群体的婚育观念研究。主要涉及的内容集中在对女性与家庭、女性与婚姻等的探讨。例如，加拿大学者宝森（L. Bossen）的《中国妇女与农村发展：云南禄村六十年的变迁》[120]一书是作者经过1989—1999年10年的田野考察，对照20世纪30年代费孝通的研究，考察60年来云南农村女性如何应对一系列社会与政治变化的力作。作者以独特的视角与方法挖掘并梳理了婚姻家庭、计划生育与性别偏好、缠足与纺织、农业与非农业就业、人口变迁及政治文化等诸多领域的社会性别问题，从而再现了乡土中国社会性别制度嬗变的微观动态。除此之外，还有学者罗梅君的《北京的生育婚姻和丧葬》[121]针对19世纪末期至20世纪80年代初社会不同阶层在婚姻、生育和丧葬中所反映出的实践情况；美国曼素恩（Susan Mann）的《缀珍录：十八世纪及其前后的中国妇女》[122]作为海外社会性别研究的一部力作，曾获美国亚洲研究会利文森奖，被誉为近年来研究中国妇女史和社会性别史最重要、最优秀的著作之一。研究中将所研究的女性放置在中国18世纪及前后这一时期中，通过对这一时期地区女性的人生历程、诗词写作、娱乐、劳动工作、宗教活动等方面进行分析，探讨了"女性缠足与经济发展及女子自我身份和社会地位的认同""女性劳动力价值的体现与溺女婴现象的降低"等与婚姻、生育观念相关的研究。阐述了社会性别关系对于特定时代经济、政治、社会和文化变革产生的深刻影响；法国朱丽娅·克里斯蒂娃的《中国妇女》[123]综合哲学、人类学、精神分析学和符号学等多学科交叉研究，涉及对中国女性家庭角色、女性婚姻与家庭的探讨。

其二，对于女性能动性的研究。主要涉及对女性生活状态、女性观念中弹性空间的探讨，以及对已有社会认识观念的重构或修正。例如，美国学者高彦颐（Dorothy Ko）的《缠足——金莲崇拜盛极而衰的演变》（Cinderella's Sisters: A Revisionist History of Footbinding）[124]，从"缠足"社会现象出发，按照1880—1941年的时间顺序考察缠足在现代的全球化世界里逐渐失去文化光环的过程。以修正的方式对之前一些提出相关问题的著作再回应，其中涉及对女性观念、女性心理、女性审美等方面的探讨；美国学者高彦颐的另一著作《闺塾师——明末清初江南的才女文化》[26]中提出三重动态模式理解妇女史，将中国妇女的生活视为三种变化层面的总和，即理想化理念、生活时间与女性视角。以女性视角反映出在社会理想型建构下女性生活状态与观念的变化。

总体来说，国外学术研究中对于中国近代女性的相关研究逐渐丰富与多元化，但对于中国女性婚育观的研究相对较少。现有的研究角度主要集中在以社会性别视角切入，并逐渐探讨社会性别视角的主要研究方法。在研究内容上多集中在对女性婚姻与家庭的相关问题研究；在研究观点上集中在"女性是否是受害者"或"女性为受害者与加害者"方面。整体学术趋势越来越倾向于研究女性相关问题对社会的推动作用而非补充作用。因此，以社会性别视角切入，将对近代江南女性婚育观的研究放置于近代的历史范畴中，通过观念去探讨服饰现象。

（二）中国近代女性服饰与婚育服饰

Antonia Finnane所著《中国服饰的演变》（Changing Clothes in China）[125]在探讨中国近代女性服饰方面的研究在国外学术界具有里程碑意义。以全球化的视角，专题性的形式，重新审视了中国服饰近现代进程中的变化。从辛亥革命时期的高领紧身袄，五四运动时期的学生装、女效男装、结婚新装、改良旗袍，20世纪70年代的军便装到当今的全球化服饰，将中国人在不同时期对服饰的表达方式丰富且生动地展现出来。并纠正了以往国外学者对中国传统服饰单调、静止的刻板印象；Silberstein R[126]探讨了在18、19世纪苏州纺织的商品化与时尚消费的关系是如何促进中国女性服饰的新风格的发展。在研究中通过论证苏州刺绣配件形式、服装风格、行业发展的转变，探讨了纺织生产体系与时装界定的可能性，以及服装与文化潮流的联系。在对于中国19世纪的服饰图案的研究方面结合叙事学理论，以多伦多皇家安大略博物馆收藏的两件刺绣上衣为例，探讨了叙事意象图案在服装中的发展趋势，以及出现、流行的原因，提供了一种全新的方式来理解女性的叙事形象；Zamperini P[127]从中国19世纪晚期至20世纪初的文学中提炼服装时尚性与现代性，以服装为载体分析中国现代性与现代化的困境。

同时，在早期国外传教士的相关记录中不乏对中国婚育文化的侧面记录，这些资料大多以个人日记、游记的形式，通过照片、绘画展现国外传教士在中国对中国婚礼、孩童的记录描绘。例如，英国旅行家 Lena E. Johnston 的《窥览中华》（*Peeps at Many Lands–China*）[128]是各国浏览系列中的中国系列，由 Norman H. Hardy 绘制并于1910年出版，内含彩色手绘插图12幅。其内容是在中国的见闻笔记，涉及儿童、习俗等；日本学者野崎诚的《吉祥图案解题》[129]，是关于中国风俗研究的著作，并于1940年出版，其中设计婚育相关器物的图案用途记录；法国耶稣会士禄是道（Henri Doré）神父主笔的《中国民间信仰研究》（*Researches into Chinese superstition*）[130]是关于中国民间信仰的著作，其中1911年第一卷，有关于中国民间盛行流传的婚丧习俗；《亚细亚大观》[131]是由亚细亚写真大观社编辑的一部记录亚洲（主要为中国）文化的照片集，涵盖风景、宗教、民俗、人物等多方面，其中涉及婚育服饰的照片记录。

（三）近代江南

以江南为背景的研究一直受到国外学者的关注。Silberstein R[132]以18—19世纪苏州为背景，对服装与商品化进行探讨；Antonia Finnane[125]探讨了晚清至民国涉及扬州、上海等江南典型城市中呈现的中国服装的时尚发展。同时，早期国外传教士对于该区域的记录，对认识特定时期、特定场景的历史原貌提供了佐证依据。英国旅行家伊莎贝拉·博德（Isabella L.Bird）的《跨越长江流域》（*The Yangtze Valley and Beyond*）[133]是在中国的游记之一，全书共三十九章，第一版出版于1899年，这是她在长江流域及川藏地区进行的实地考察的内容。主要记叙沿途的风光古迹、民风民俗，同时也包含插图照片一百多幅。其中一至三章记录乘当地人的木船从上海到杭州又返回上海的沿途照片；四至九章记录乘外国的轮船从上海经镇江、芜湖至汉口等地的沿途照片。英国圣公会传教士慕雅德（Rthur Evans Moule）的《在华五十年》（*Half a Century in China: Recollections and Observations*）[134]全书共十一章，书中含插图照片18幅，第一版出版于

1911年。记录了他1861年来华,在宁波、杭州和上海一带前后传教长达50年的见闻。

总之,现阶段国外对于中国妇女问题的研究较为深入,并带领了国内一大批学者投入中国女性相关问题的研究中,逐渐融入多学科、多视角来进一步研究中国女性、婚姻与服饰文化等专题。同时对于中国女性婚育观、女性服饰与江南研究主要集中在以江南为背景的针对中国女性服饰(或汉族服饰)的研究,但对于婚育观念与服装的结合,或对于儿童服饰与婚育观念的结合较少。同时国外女性学的研究方法与研究视角为本书提供了指导。

综上所述,基于上述对国内外研究现状的梳理,女性婚育观、礼仪服饰、江南等方面的学术关注度逐渐提升,越来越多的研究倾向于对女性自我声音的挖掘与研究,但涉及女性婚育观与婚育服饰的相关研究较少。因此,以江南为区域背景,相较于以往本学科的服饰研究,侧重通过观念探讨服饰,以近代江南女性婚育观为切入点,运用女性学中社会性别分析视角,结合社会学、人类学、史学,将对近代江南女性婚育观的研究放置于近代的历史范畴中,总结女性婚育观与婚育服饰间的相互映射关系。针对近代江南女性婚育观的变化来解读相关婚育服饰的演变,并探讨两者间的相互映射。为研究区域女性观念、区域传统服饰文化的解读提供一种可能性,同时对近代女性婚育观与婚育服饰的研究也为当今女性婚育观与婚育服饰现象的解读提供一种解释依据与参照。

第四节 主要研究内容

本书共分为六章,主要通过对近代江南女性婚育观与婚育服饰体系的研究,从而对女性婚育观影响下的婚育服饰的映射关系进行探讨。各章节安排如下。

第一章,主要介绍了本书的选题意义、相关概念、国内外研究现状、主要研究内容与研究方法。

第二章,针对近代江南具有典型性的女性婚育观内容、演变特性、物化载体进行了剖析与讨论，为后续婚育服饰形态与特征的研究提供了相应观念背景与参照基础。

第三章，主要探讨了近代江南婚育服装形制、配件形式及着装特征，进一步研究与细分女性婚服、育服及婚育相关典型性配件的服饰状态。

第四章，主要针对近代江南婚育服饰材质、图案装饰艺术与文化内涵进一步分析。结合调研中所获取的近代织绸厂面料说明书的分析，对婚育服饰面料材质、面辅料状况进行细分，以及总结婚育图案装饰中所体现的审美艺术与文化内涵。

第五章，探讨江南婚育服饰变迁规律与婚育观念的映射关系。在近代江南婚育服饰形制、面料特征、图案装饰、服饰工艺研究的基础上，针对近代江南婚育服饰的变迁形态进行细化与量化，对服装形制、服装装饰与服装配件的演变特征与规律作进一步研究，同时总结近代江南女性婚育观与婚育服饰间的相互关系。

第六章，总结主要结论，同时对研究中的不足、需要完善优化的问题做出展望，以供后续工作参考。

第五节 研究方法与创新点

以下对本书的研究方法与难点分别进行论述。

一、主要研究方法

（一）文献研究法

通过对本文相关文献资料的研究归纳，不断完善近代江南婚育服饰文化理论研究体系。例如，在本文选定与撰写过程中，通过大量检索、阅读关于江南民俗、女性婚育观、婚育服饰、社会学研究方法等相关论著与论文，对涉及江南女性婚育观、服饰类别的理论进行归纳与提炼；通过对江南社会史、民族志、地方志、报纸、近代期刊、传世照片等历史资料整理，不断搜集关于江南的论证材料。同时结合国内外数据库资料，例如，中国知网、万方数据知识服务平台、华艺学术文献数据库、晚清与民国期刊全文数据库、CALIS外文期刊网、EBSCO学术性综合学科数据库、A&HCI数据库、路易斯安那州立大学图书馆、民族服饰博物馆数据库、中国国家数字图书馆、上海数字图书馆、江南大学图书馆数据库等。

（二）实物分析法

通过对实物、图片、影像资料的整理与比对，进一步论证具有区域特征的服饰文化特性。例如，针对江南大学汉族民间服饰传习馆现有的传世服饰品进行整理、拍照、测量、分析和归纳，并通过对相关博物馆与私人收藏家等处收集的传世藏品资料的物物比对、文化背景相互比较，初步分析地理环境和生活习俗所造成的差异性，总结近代江南婚育相关服饰的艺术特征与发展脉络。

（三）田野调查法

对涉及江南婚育服饰内容的博物馆、私人收藏家所收集的实物藏品进行实地考察，不断完善研究地区女性婚育相关服饰及服饰品的实物搜集与区域整体文化背景的溯源梳理，不断夯实研究内容与理论背景。在博物馆调研方面，通过对吴文化博物馆、苏州博物馆、苏州民俗博物馆、浙江省博物馆、中国丝绸博物馆、中国苏绣艺术博物馆、中国国家博物馆、清华大学艺术博物馆、故宫博物院、台北故宫博物院、国家羊毛博物馆等调研，不断补充江南文化历史、民俗风貌的研究；在传世服饰实物与相关古籍文献的调研中，多次前往苏州丝绸服饰陈列馆拜访私人收藏家李品德老师。针对李品德老师的婚服藏品进行访谈，同时收集了关于近代江南女性婚服、服饰裁剪内容的一手资料。前往苏州胜浦拜访当地"活地图"马觐伯老师，同时在苏州工业园区胜浦街道浪花苑社区、吴淞社区调研、记录水乡女性服饰与儿童服饰藏品。

（四）定性研究方法

为更加全面分析近代江南涉及相关婚育观念与服饰信息，例如，婚育服饰各构成元素间的相互关系、时间的演变阶段与发展过程等，采用定性研究（qualitative research）方法对文献、图片资料进行进一步梳理与分析。定性研究，也称为质性研究。定性研究是一种描述性的研究，收集到的数据是以话语、图片的形式而不是以数字的形式展现的[135]，着重从性质的方面分析和研究某一既定事物的属性特征。同时定性研究是为进一步增进对某个既定现象的理解，即某个既定现象所有有关的概念还没有被识别，或没有得到充分发展，或理解不充分，因此需要进一步地定性研究。定性研究的科学方面并不是传统意义上的"科学"。这里的科学是指它将概念的生成扎根于资料。这样以它们的属性与维度的形式系统性地形成概念，同时通过将其与新搜集的资料进行对比来验证对其的解释。质性研究也不是受控制的实验科学。研究分析在艺术和科学的维度之间走得多远，取决于研究者的哲学背景、其所在学科和所使用的质性研究方法[136]。NVivo是应用于定性分析中的一种软件，可导入多种类型数据（doc, pdf, excel, jpg等），能够对文章、访谈、调查结果、音频、视频、图片、网页或社交媒体等内容进行处理，根据源数据创建节点并进行编码分析，对编码内容添加备忘与链接等。主要运用NVivo软件对近代江南婚育服饰图片、文字资料进行定性分析，进一步完善既定的历史阶段与服饰现象的变迁过程与状态。

二、研究难点

（一）从性别视角下提炼女性婚育观

在对近代江南女性婚育观的细分中，需要去探讨特定区域下女性婚育观的特殊性与共性。同时在佐证资料的收集中也存在难度，涉及近代江南服饰、观念的相关资料多得汗牛充栋又零散得漫天遍野，而对其整理的成果却是凤毛麟角，需进行各研究机构、各数据库，以及私人收藏家等处多方资料的比对。

（二）运用定性研究的方法探讨婚育服饰变迁规律

对于图像资料的定性分析过程是一个循环观察与记录的过程，也是一遍遍校对更正的过程。同时对于标注信息统计后所呈现的编码数字，需要进行进一步的概念提炼，因而探讨所呈现的演变倾向也是本书的难点内容。

第二章

近代江南女性婚育观

在目前对观念与服饰的研究中，诸葛铠[54]探讨了"观念至上的形制"，指出为服从"天人合一"的观念，中国古代服饰形成了上衣下裳的形制，达到上天下地、上阳下阴——天象、卦象与自然物象的对应，表达出衣上而裳下，衣尊而裳卑的服饰形态。同时在女性婚育观与婚育服饰的研究方面也涉及婚育观念与其物化形式（仪式、习俗、服饰）的相应研究。基于此，本书通过对观念的析出，进一步探讨观念与服饰的映射关系。

通过概念界定，近代江南女性婚育观是指近代江南女性对待结婚、生育、育儿的态度与主张。本章从社会性别视角切入，将近代江南女性婚育观的研究放置于近代历史范畴中，结合江南史实文献、社会现象对典型性女性婚育观进行提炼分析。依据观念的承接性与延续性，将女性婚育观分为传统期与转型期两部分，并主要从婚姻态度、婚育行为、贞节观念三方面进行论述。通过对近代江南女性婚育观的研究，进一步解析近代江南女性婚育观的演变特征，最后引申出其物化形式中婚育习俗、婚育服饰的变化。

闺阁的变化与政治、文化领域的变化密切相关[137]。女性婚育观是一种女性意识的表达，其观念的变化也是一种闺阁的变化，离不开当时的社会政治、文化等因素的影响。每个社会阶段都会形成相应的主流婚育观念，在近代的时代转折期中，主流婚育观念来源于社会对女性意识、观念、形象的一种理想化的建构。在这种建构下，使女性婚育观包含"被动"与"主动"两种层面，而这两方面的比重变化与社会观念、环境的变化密切相关，其中被动层面是指女性的婚育观在主流婚育观念建构下的妥协，主动层面是指女性自我能动性与自我意识的表达。

第一节
江南传统期女性婚育观

在传统期中，江南女性婚育观主要集中在被动层面的意识表达，主要表现为对婚姻自主的妥协与追求、晚婚晚育与护生崇文、对贞节观念的维护与利用，注重社会制度性、身份性，多通过自我牺牲的方式达到社会身份的认同。

在封建社会中，婚育现象普遍表现为早婚早育、多生密生，产生这种现象是由于社会生产力、自然因素的制约，以及人口消长与朝代更替所产生的人口运动的周期性规律，使社会各个阶层都十分热衷于创"生"、育"生"、护"生"的活动[36]。正因如此，儒家的增殖人口观才得到历代王朝的广泛沿用与传播[36]。传统社会以儒家思想为主流。儒家倡导家庭体系，以家庭、家族的人伦道德实践为基础，把宇宙万物的存在看作一个生生不息、道德创造的有机整体，由之衍生出一个贯通天人、内外、义利的价值系统[138]。由此引发儒家婚姻、生育的基本观念为"婚礼者，将合两姓之好，上以事宗庙，下以继后世也。故君子重之。""婚礼者将合两姓之好"显现出儒家在婚姻中所倡导的家庭体系；"上以事宗庙，下以继后世"显现出儒家在生育观念中的"宗祧"继承。体现出儒家哲学发展中的"生生"思想[139]。《易经》中记载曰："天地之大德曰生"[62]。儒家以"生生"追求思想与实践中的不朽。传统婚姻的目的包含祭祀、继嗣与内助；传统婚姻观念包含天人契合、社会渊源与宿命论[59]。儒家以"礼""孝"为准则。因此，传统婚育观也是将"礼""孝"作为评判婚育的标尺，具有制度性与统一性。特别是宋之后，为维护日益衰落的封建政权，将原有儒家思想进一步形成更为严密的新儒学——程朱理学，更加抑制了女性的生理价值。

江南既有着与社会同步发展的共性，也由于区域经济与文化发展的程度，显现出区域的特殊性与相对开放性。明清时期的江南是经济发达与人口稠密地区，但人口增长速度却相对缓慢；江南社会崇文，文人儒士对有才华的妻室推崇备至。文人总是将妻子的诗词作品附在自己的文集之后[140]。例如，明末苏州文学家叶绍袁、沈宜修夫妇是一对文学知己，是江南知识阶层中的佳偶；清代常熟诗人孙原湘之妻是女诗人席佩兰，常常酬唱吟和，备受赞誉。明清世家望族把提高女性的知识结构作为振兴、发展家族的重要手段。因此，江南多才女的现象也格外突出。以上种种都成为影响江南传统时期女性婚育观的重要因素。

一、女性婚姻自主的妥协与追求

在传统时期，江南女性婚姻自主性中的妥协与追求在一定程度上是相辅相成的。江南女性对于婚姻自主的妥协不单单指对于自身婚姻选择权的妥协，即普遍意义上理解为"受压迫的女性"。还包括女性对社会体制、礼制的妥协，也是一种变相的维护，带有宿命论色彩，以此达到对自身社会身份的认同与提高。

在妥协方面，这种认同渗透在女性意识中，著名报人、小说家包天笑老先生曾回忆花轿的象征：依照古礼，新娘要坐一顶花轿，这顶花轿，不仅属于虚荣，抑且恃于权势，妇人对于嫡庶之争，往往说"我是花轿抬进来的"。好比清朝的皇后说："我是从大清门进来的一般"[141]。婚育乃"万物之始"[142]，也是对于女性来说重要的人生环节。女性在嫁娶礼仪中的参与，通过一系列的仪式进行礼仪制度的认可，也是获得社会身份的绝佳方式。清代文学家、画家沈复（今苏州人）的自传体散文《浮生六记》中，以男性视角侧面记录了妻子陈芸对婚姻的态度。即使沈复与陈芸夫妻感情和睦，但陈芸仍以能为丈夫寻到一位才情兼备、美丽而有韵味的小妾为荣。例如，《浮生六记》记载："乾隆甲寅七月，余自粤东归。有同伴携妾回者，曰徐秀峰，余之表妹婿也。艳称新人之美，邀芸往观。芸他日谓秀峰曰：'美则美矣，韵犹未也'。秀峰曰：'然则若郎纳妾，必美而韵者乎？'芸曰：'然'。从此痴心物色"[143]。意思为：乾隆甲寅年（1794年）七月，表妹夫秀峰带回一个小妾，生得十分美丽。他四处炫耀，并邀请陈芸前去欣赏。过了几天，陈芸对秀峰说："这女子的确漂亮，美中不足就是缺少一些韵味"。秀峰颇不服气对陈芸说："你丈夫要娶小妾，如果漂亮和韵味两者缺一的话，就不娶了吗？"陈芸说："这个自然"。从此以后，陈芸一心一意地为我物色小妾。从中可看出陈芸对传统一夫一妻多妾制度的认同。同时从陈芸为沈复挑选侍妾可看出，妻子具有为丈夫挑选侍妾的权利。同时挑选一位漂亮和韵味兼备、自己心仪的侍妾，在一定程度上舒缓了侍妾进入家庭后对正妻的冲击力，也加强了妻子对于生活、家庭成员的控制权。

在追求方面，清代梁溪（今无锡）女作家陶贞怀所作弹词《天雨花》中男性正面人物均不纳妾，全是一夫一妻。明代戏剧家梁辰鱼的传奇（戏曲种类）代表作《浣纱记》中写范蠡和西施的故事。范蠡初次见她，听闻尚未嫁人，就主动提议：你既无婚，我亦未娶，即图同居丘壑，以结姻盟。但以身常许君，遭时多难，敢冀少停旬月，即当奉遣冰人，乞告严亲，万勿他适[144]。还有《国朝常州词录》记载："陈沅，武进人（常州），沅沅初为女优，名擅吴中，与某公子有生死盟"[145]。这些皆表现出江南女性对婚姻自主的追求态度。

二、女性晚婚晚育与护生崇文

相比整体社会早婚早育、多生密生的婚育现象，江南却呈现出晚婚晚育与护生、崇文重教的区域性特色。江南女性晚婚晚育说明初婚年龄与初育年龄的推迟，这也影响到江南总人口的数量与增长的速度。相比人口繁衍的"量"，江南更注重"质"，因此，在育儿态度上江南女性更倾向于护生、崇文重教。

虽然江南自宋代以后就是全国人口的稠密地区，但人口的稠密并不与人口的增长成正比。清代早中期（1644—1850年），人口稠密的江、浙两省的人口增长速度低于全国平均增长速度。例如，1789—1838年间全国人口增加了39%，但江苏仅增加了32%，浙江也只增加了31%[146]。清朝社会的初婚年龄规定女性为12～13周岁和14～15周岁。虽然清朝不像明朝或明朝以前各朝代，把男女始婚的年龄写进《会典》或律令，使其具有法定的性质。但在《钦定大清通礼》中还是有"男年十六以上，女年十四以上，身及主昏者，无期以上服，皆可行"的说法。就是说只要本人不在服丧期间，到此年龄，便可成婚。无论14岁还是16岁，都是当时习惯所用的虚岁，相当于今天标准的12～13周岁和14～15周岁。而江南（浙江、江苏）的平均婚龄为18岁；位于江浙太湖平原区的诸县，平均婚龄都在19岁以上或接近19岁，苏南地区比苏北地区要高1岁[64]。相对于清朝社会女性12～15周岁的初婚年龄，江南的女性的平均婚龄高于当时全国平均婚龄，处于晚婚晚育阶段。

同时明清时期，才女文化在江南也格外突出[26,122]。才女，是指精通书史、善吟诗弄文、精通绘画、弹词、工艺、刺绣等才艺的女子[28]。那么才女文化与女性婚育，以及护生崇文的育儿观点又有什么关联呢？因为母亲的学识在盛清依然受到闺秀和文人的推崇。一位闺秀所受的教育对维持整个家族在士人集团中的地位起了关键作用，而这种教育涵盖了所有的持家之术。在这种大环境下，闺秀才女以妇道母德为行为尺规，并不懈地追求女学，同时也从另一角度解释了江南才女文化盛行的原因。

常州张氏就是一个例证，在常州，闺秀在清代成婚年龄普遍较晚。本文基于学者曼素恩（Susan Mann）对常州张氏（士绅家庭）的研究，按照张氏年表[140]，对已知张氏家族女性成员初婚初育年龄（未加虚岁）进行了梳理与绘制。可知：张氏家族女性成员普遍初婚初育年龄较晚。母亲为清代才女汤瑶卿（1763—1831年），26岁嫁给常州词派代表人物之一张琦，初育年龄为27～28岁。共养育6个孩子，成活5个孩子，分别为四女一男。女儿张𬘫英初婚年龄为21岁；女儿张𬙋英初婚初育年龄分别为20岁与26岁；女儿张纶英初婚年龄为23岁；女儿张纨英初婚初育年龄分别为21岁与26岁，其女儿王采苹初婚年龄为24岁；儿子张曜孙妻子包孟仪（1808—1844年），初婚初育年龄分别为20岁与22岁，其女儿张祥珍初婚年龄为20岁。正是因为母亲汤瑶卿的才识，教育子女不分内外，张曜孙继承家族男性事业，早年行医，后来通过乡试，成为县令；张𬘫英、张𬙋英、张纶英与张纨英的人际网络中不仅有女诗人沈善宝、朝鲜诗人李尚迪，更有中兴大臣曾国藩、胡林翼作为她们的赞助人，王采苹成为李鸿章、许振祎等官员家庭的女塾师。她们的作品曾深深地影响诸如秋瑾等一代新女性。

所谓"学而优则仕"，特别是绅衿家庭中。绅衿家庭介于官与民之间的一个中间层。母亲与妻子的最大愿望就是指望儿子和丈夫能够读书中举，再由科举踏入仕途。作为回报，母亲与妻子也会相应地得到朝廷的诰封或者名人撰写的传记和墓表。例如，昆山"三徐"（清代昆山徐乾学、徐秉义、徐元文）的母亲是顾炎武的妹妹，在教子方面甚是严格，有"课诵恒之午夜不辍"；清代著名学者毕沅（太仓，今属苏州）的母亲是清代有名才女，在其6岁时就将《诗经》《离骚》作为其启蒙教材并亲自指导。

三、女性对贞节观念的维护与抵触

江南女性对贞节观念的维护体现了在这种身份掩护中寻求自我意识性的留存。贞节，分别指代婚姻不同阶段的女性群体。贞是指婚前因未婚夫死亡，忠于未婚夫而终身不嫁的年轻女性，称为贞女；节是指婚后为丈夫死后尽节因而得到旌表，称为节妇。选择以极端的自杀行为结束生命的女性（包含贞女节妇），称为烈女或烈妇。

贞为"正"，用在女性对男子，特别是妻子对丈夫的关系上，指专一[36]。秦汉时期，女性伦理之中的贞节观念，并没有被作为一种国家意识形态加以倡导，女性再嫁乃寻常之事。至宋代，形成理学，改变了中国的学术思想及风俗制度，也使妇女的贞节观念在崇古的基础上愈演愈烈。经过宋、元、明三代对贞节观念的极端倡导，进入清朝以后，贞节的含义就变得十分狭隘了。

江南女性守节现象在明清时期也格外突出。明清两朝，女性守节成风。虽然在清代，顺治七年提出给节妇"各给银建坊如例"[147]的说法，会给予守节妇女及家族一定的钱财奖励（给银30两，刻名建坊）与政策优待。但不足以完全说明这是使女性守节成风的全部原因。以贞女为例，清乾隆时期的《钦定大清一统志》[137]（1784年）记录了元朝至清朝各省份的贞女数量，江南的贞女数量从明代的36人上升至清代的540人，其中以苏州、常州与杭州贞女人数最多。说明了江南社会经济、文化的发展程度与女性守节现象产生了一定程度上的重合。

女性在贞节观念影响下表现出最极端的行为就是自杀。清代历史学家钱仪吉（嘉兴人）在人物传记《碑传集》中记载了贞女自杀时穿着的服饰，其中两种衣服最具有象征性：素衣和婚服[148]。贞女穿上婚服殉死代表了她和未婚夫婚姻的最终结局是在另一个世界的结合，同时贞女在自杀时也会带上未婚夫家的聘礼[145]。也有女性成为贞女是为了逃避婚姻，例如，在《江南女性别集》中记载："顾贞女者，容止妍雅，略涉书史。吴中改家闻其贞静謇修，行有约矣。贞女悲甚掩泣久之。告于母曰：'儿欲以不字之贞，长待膝下，委禽他族，誓不敢从'。父母因迟之，今年且三十矣，日诵法华经，祷于佛前，愿转轮作男子身"[149]。可看出顾贞女美丽贤淑，有才情学识。吴中（苏州）一人家前来求亲，顾贞女很是恼怒，为了逃避婚姻成为贞女，吃斋念佛，祈祷来世作一男子。

事物的发展总是呈现出两面性，一方面，女性对贞节观念的维护可以提高女性的社会身份与社会认可，可以理解为一种"风尚"。但另一方面，当贞节成为"风俗"时，很多女性就形成不得已而为之的贞节行为，自身负担了巨大的心理压力，产生一种对贞节观念的抵触。特别对士绅或儒生一类家庭的妇女来说，其中最大的愿望是熬到年头，可以循例得旌，有的若能得到节而廉孝，或教子成立等的美名，这对家庭，乃至整个家族都是莫大的荣耀，对女性本身也算是为大家尽了义务，得到某种精神上的安慰。例如，浙江乌程（今湖州市）人金顺，是中书汪曾裕的妻子。她19岁成婚，相夫以俭，事舅姑尽孝，是一位有才有德的好媳妇。可命途多舛，27岁曾裕病故，接着遭姑丧。舅年迈，遗孤甫6岁。族人见其可欺,欲"谋其孤",夺取财产。金氏为了保住儿子的性命,不得不把他藏在阁楼上,平时连楼梯也去掉。每逢开饭,必先尝而后与之,过着提心吊胆的日子。这样熬了两年,到30岁那年终于病倒了。在病恙之际,她含悲赋句道:"龙泉趋死易,虎尾立孤难"。对几年来的寡居生涯,感觉真是血泪难尽。再如,江苏吴县陆馥华,19岁嫁吴培云,过门10天便成了寡妇。她矢志不嫁,归依其母,母殁随父侨居外地,卖画自给。不久连老父也去世了,陆氏不得已又鬻身为婢,营葬亡父。结果被坏人所乘,堕入风尘,只好自杀保节[150]。

第二节

江南转型期女性婚育观

至转型期,女性社会身份由传统社会中强调的类别属性向性别属性发展,即第二性身份逐渐向第一性身份转化。这个时机就是新文化运动,新文化运动破坏以父子为纵轴的儒家秩序时,同时提供了一个以两性为横轴的现代社会秩序的蓝图[30]。

女性婚育观主动层面的自我能动性与自我意识逐渐升高。同时随着女性社会权力的提升及社会角色的变化,使女性的婚育观不再以自我牺牲方式为提升社会身份认同的途径。自19世纪后期,江南诸如中西女塾、上海圣玛利亚女校等西方女子教会学校的建立在一定程度上促进了女性意识与观念的改变。从清政府于光绪三十三年(1907)第一次正式颁布《学部奏定女子小学堂章程》《学部奏定女子师范学堂章程》,到五四时期中国的高等教育开始对女性开放[65]。女性受教育的权利逐渐获得认可并法制化。随着女权运动、新文化运动以江南为中心兴起与展开,一系列的女性解放运动在不断追求女性经济独立、婚姻自由、破除旧的婚姻制度,探寻"本我"与人权等问题。对传统意识观念的不断打破与重建,使诸如"贤妻""良母""女国民""新女性""国民女战士"等女性新角色不断更新,也不断影响女性婚育意识与观念的变化。在女性婚姻方面,从1911年清政府拟定了中国第一部独立的民事法律草案——《大清民律草案》,使婚姻家庭法成为民法的一部分，到民国建立不断在法律法规上明确了女性与男性间的平等与自由[65]，女性的婚姻不断得到社会的正视与法规化。

一、女性婚姻自主的强化与折中态度

在女性婚姻自主性中，相比传统期女性体现出对社会礼制的妥协，以寻求社会身份的认同。转型期中随着国际思潮的汇入，新文化运动、妇女解放运动的影响与推动，引起了两性社会权利的再分配。其中，1915年民国司法部附设的法律编查会先后制定的民法草案（《民律亲属编草案》）中也明确规定"一夫一妻""婚姻自由"等内容。在此基础上，女性的婚姻观也逐渐由"宗祧"婚姻到两性婚姻的转变。同时越来越多女性，尤其是城镇女性开始关注婚姻的自主性等相关问题。在城市的一端，部分女性在婚姻自主性中表现得较为强烈。例如，上海圣玛丽亚女校首任女校长黄素娥于1888年嫁给美国圣公会宣教士卜舫济，这是一段中国女性与外国人的异国婚恋。黄素娥作为清末时期的知识女性，受过良好的教育，同时其父亲黄光彩是美国圣公会在华的第一个受洗教徒。黄素娥与卜舫济的自由婚恋，在当时的社会环境中不仅被中国人嗤之以鼻，还被视为洪水猛兽。同时美国圣公会有严格规定：任何一个在华传教士不能与当地女子结婚[151]。在这种环境下，黄素娥对婚姻的自主性走在了社会的前端。

在社会的另一端，女性对婚姻自主性则偏向于折中态度。1921年陈鹤琴先生针对《学生婚姻问题之研究》[152]男学生婚姻态度倾向问题的调查。共分发1500份调查表，实际收回631份调查样本。在调查的学校中包含：浙江第五师范（绍兴）、浙江第一师范（杭州）、南京高等师范学校附属中学（南京）、金陵大学（南京）、南京高等师范学校。其调研范围涉及杭州、南京等城市。已婚者主张自由婚姻制的占35.87%；未定婚的男生主张自己订婚的占66.02%，主张与父母共同商量的占21.24%，同意照旧的占8.11%。

1935年苏州振华女校中学部15岁以上的女学生对婚姻问题倾向相关调查[153]。在婚姻择配主动权方面，主张父母及本人双方决定占88.9%，主张自己决定占7.4%，主张父母代订占3.7%；在家庭组成结构方面，主张折中家庭占63%，主张小家庭占31%，主张大家庭占6%；在同姓婚姻方面，主张不赞成的占66%，主张赞成的占34%。与男生调查相比，女生在婚姻择配主动权方面更偏向父母及本人双方决定；在家庭组成结构方面更偏向折中家庭；在同姓婚姻方面偏向传统婚育观中"同姓不婚"的观点。在对于婚姻的理解方面，答题者共130人。如表2-1所示，按照所占观点比例进行降序排列，虽然在数据求和上有些出入，但可作为研究近代江南女性婚姻看法的一种参考。同时基于婚姻意见的统计表格，将婚姻看法划分为中立、消极与积极态度。在设定中将繁衍后代划分为中立态度，将不赞成婚姻美满的观点划分为消极态度，将对爱情的追求、良好家庭的建立划分为积极态度。从中可看出，女性对于婚姻的看法主要集中在绵延种族、增加人口、双方互得安慰、人类进化的必要条件等中立看法的占81.34%；对婚姻持完全积极态度的占10.68%；对婚姻持完全消极态度的占6.72%。

同时，1922—1923年的一项婚姻问题调查指出[154]，在社会各阶层的835人中，395名已婚者中有21人自定婚姻，占5%；130名已订婚者中有20人是自定婚姻，占15%；而未订婚者中，80%以上表达了婚姻自主的意向。由此看出，在总趋势下，女性在婚姻自主性方面逐渐对婚姻形式有了更细致的需求，但总体实践方面处于折中偏保守倾向。因此可看出，江南女性对于婚姻自由的概念处于意识形态方面，在具体的实施中并不占主流趋势。

表2-1 婚姻意见[153]

序号	对于婚姻的看法	所占百分比/%	态度
1	绵延种族	36.00	中立
2	增加人口	22.00	中立
3	双方互得安慰	15.00	中立
4	爱情的归宿	4.60	积极
5	共同生活互助	3.80	积极
6	人类进化的必要条件	3.80	中立
7	调剂生活	2.20	消极
8	有归宿、年老了有依靠	1.50	中立
9	婚姻减少人生幸福	1.50	消极
10	结婚是男子看不起女子的行为，婚姻是不需要的	1.50	消极
11	婚姻需自己愿意并且慎重对待，以免因一时冲动造成离婚	0.76	中立
12	互相认识得以研究各种知识	0.76	积极
13	尽贤妻良母之责	0.76	中立
14	恋爱之坟墓	0.76	消极

续表

序号	对于婚姻的看法	所占百分比/%	态度
15	引人上光明之路	0.76	中立
16	很平淡	0.76	消极
17	组成快乐的家庭	0.76	积极
18	男婚女嫁是人生必须之事	0.76	中立
19	组织良好家庭享美满幸福生活	0.76	积极

二、女性适龄婚育与科学优生

相比传统期女性婚育态度的晚婚晚育与崇文重教，转型期女性婚育更倾向于适龄婚育与科学优生。

1915年，《民国民律草案》的"亲属编"类别中规定男子未满16岁，女子未满15岁不得成婚。1925年，该草案才修订完成并对男女婚龄进行延长，提出男子年满18岁，女子年满16岁方可成婚。后又进一步将男女婚龄延长，规定男女年龄均为20岁[65]。

在女性婚龄方面，如图2-1所示，杭州市历届集团结婚年龄统计[155]中记载民国二十四年至民国二十六年（1935—1937年），杭州集团结婚人数共223对，共计446人。女性为223人，结婚年龄范围集中在16～30岁。20岁人数最多为32人，

杭州市歷屆集團結婚對數統計表

年份	年	24	24	25	25	25	25	25	26	26	統計
	月	10	11	1	4	6	8	11	1	4	
	日	10	12	1	4	2	27	15	27	7	
屆數		1	2	3	4	5	6	7	8	9	計
對數		8	16	32	36	22	14	36	33	26	223

杭州市歷屆集團結婚年齡統計表

年齡	16	17	18	19	20	21	22	23	24	25	26	27	28	29	30	31	32	33	34	35	36	37	38	39	40	41	42	43	44	統計
性別 男				7	8	9	20	31	16	12	23	19	13	9	5	3	5	3	2		1			3						223
女	1	9	23	26	23	32	23	30	10	12	7	8	4	3	2	1														223
合計	1	9	23	33	31	41	43	61	26	13	30	27	24	16	11	4	5	3	2		1			3						446

图2-1　杭州市历届集团结婚年龄统计（1935—1937年）[155]

其次是22岁为30人，再次是18岁为26人。同时，1935年，上海市政府公报刊登了对上海市第二届集团结婚情况的统计[156]：上海市第二届集团结婚公布结婚人数共37对，其中女性结婚年龄范围在20～25岁，占大多数，共计25人；17～19岁为8人；26～30岁为3人；30～32岁为1人。1940年，上海《电声》杂志中刊登的女性结婚年龄统计结果最多为20～24岁[157]。由此看来，随着城市的经济发展，女性婚龄会相对延迟。例如，上海主要集中在20～25岁，杭州则主要集中在20～22岁。1937年，南京《经济统计》期刊中刊登了对江苏地区1875—1931年男女初婚年龄的统计[158]，从1875—1913年将近40年间，女性的初婚平均年龄约为20岁。结合以上材料可知，江南代表性城镇女性结婚年龄范围主要集中在20～24岁，平均结婚年龄约为20岁。结合当时社会对于女性婚姻年龄的规定，部分经济发达的城镇中，处于适龄结婚阶段的女性有晚婚倾向。

在女性育龄方面，初婚年龄与初育年龄是密切相关的。如果按照初婚年龄范围20～24岁估算，那么初育年龄范围可能集中在21～25岁。根据浙江省立医院民国十九年至民国二十二年（1930—1933年）的统计[159]，女性育龄最大峰值分别为21岁与25岁，平均育龄为24.5岁。如表2-2所示，根据《南京市政府公报》于民国二十四年至民国二十六年（1935—1937年）对城乡女性生育情况的统计可知[160-162]，南京地区城乡女性育龄多集中在21～25岁。但值得注意的是，乡村地区有些时间段的生育年龄高峰大于城区。这与以往对农村女性育龄早于城镇女性的理解有些出入。例如，民国二十四年（1935年）南京乡区5~7月育龄多集中在26～30岁，高于城区21～25岁，但不排除二胎或三胎的可能，总体乡区育龄也多集中在21～25岁。

表2-2 南京市（城、乡区）1935—1937年女性育龄统计表[160-162]

单位：岁

月份	1935年 城区	1935年 乡区	1936年 城区	1936年 乡区	1937年 城区	1937年 乡区
1	21～25	—	21～25	21～25	21～25	26～30
2	21～25	—	21～25	21～25	21～25	—
3	—	—	26～30	21～25	21～25	—
4	21～25	21～25	21～25	21～25	21～25	21～25
5	26～30	26～30	21～25	21～25	21～25	21～25
6	21～25	26～30	21～25	21～25	21～25	21～25

续表

月份	1935年 城区	1935年 乡区	1936年 城区	1936年 乡区	1937年 城区	1937年 乡区
7	21~25	26~30	26~30	21~25	—	—
8	21~25	21~25	21~25	21~25	—	—
9	21~25	21~25	21~25	21~25	—	—
10	21~25	21~25	21~25	—	—	—
11	21~25	21~25	21~25	21~25	—	—
12	21~25	21~25	21~25	21~25	—	—

在科学优生方面，清朝末年无锡就已经开始实行新法接生。据《无锡年鉴》记载，民国十八年（1929年）12月，无锡有7名医科大专院校毕业的产科医生和助产士自营开业接生。同年12月2日，无锡市政筹备处社会科在城中公园池上草堂开办接生婆训练班，学员27人，学习8周，发放营业执照，配备简单的专用剪刀和消毒药品，执行接生任务。民国二十二年（1933年）春，接生婆履行登记、有营业执照的共24人。民国二十三年（1934年），无锡利用城内八儿巷原劳工医院房屋设平民产院，分为出诊接生和住院接生。开办时每月为10余名产妇接生，后增至30余人[163]。民国二十六年，城区有私人助产士诊所6所。至民国三十五年，私人助产士诊所增至17所。这时，无锡县公立医院、仁济、大华、惠人、树德等医院和广仁产院配有妇产科专职医师。至民国三十八年初，私办广仁产院有工作人员12人（其中医师1人），床位20张[164]。

同时，农村也有少数医院采用新法接生，女性对待生育与育儿形式逐渐科学化、卫生化。越来越多的女性倾向于在医院生产。医院妇产科室的设施以及助产人员的培训也逐渐完善、系统化。但女性对于节育措施的态度较为缓和。19世纪初，西方研制出利用科学避孕手段控制生育的办法，这一成果于20世纪20年代传入中国。美国的山格夫人（M. Sanger）作为世界节育运动的创始者，于1922年来华推动了这一进程，也得到了当时在北大任教的胡适、张竞生的联名支持。随后，中国学者潘光旦、张竞生、李达等人不断致力于对中国节育运动的推动。虽然节育运动在学界、教育界得到了当时先进知识分子的支持，但在社会女性群体中的进展却艰难而缓慢。根据1936年金陵女子文理学院社会学系对南京鼓楼医院75位妇女的调查可知[165]：被调查妇女有72名是45岁以下的育龄妇女，其中24人知道生育节制方法，9人曾经试用过，2人觉得有效，其余大半觉得没有效果。

三、对贞节观思想的颠覆与实践持保守态度

新文化运动中的女子贞操问题是最引人注目的问题之一，在当时众多学者的论述与倡导中均使用了"贞操"一词。可以发现的是，以往的"贞节"逐渐变成了"贞操"。贞操，为性伦理名，是对女性性行为的片面要求[166]，更偏重于生理性。这在一定程度上也与倡导女性"人"的价值，为建立一个组织化、文明化社会的近代民族诉求相吻合。

第一次世界大战期间，中华民族资本主义的进一步发展和新的社会力量的成长，在经济上要求冲破帝国主义、封建主义所代表的旧的生产关系束缚；在政治上要求进步和改革，推翻帝国主义和封建主义的反动统治。这些直接推动了新文化运动的产生，并在新文化运动中对传统的贞节观进行了空前的颠覆。陈独秀、鲁迅、胡适等发表了一批文章，对封建的贞节观进行了严肃尖锐的批评。在思想意识层面，他们提出贞操观念对于男性与女性来说是平等的、自愿的、自由的[167-168]。因而新文化运动的倡导者进一步提出了要求建立新道德，以承认和尊重"个人独立自主之人格，勿为他人之附属品"[169-172]。

在新文化运动中，以男性为主的倡导者们对于传统贞节观念的颠覆，在一方面促进了女性意识的觉醒，特别是精英女性群体。但另一方面，女性对传统贞节观念的恪守，其态度具有保守倾向。民国十八年（1929年）对无锡332户工人家庭的调查结果显示，有男子1107人，其中已婚509人，未婚553人，鳏夫45人；女子1102人，其中已婚616人，未婚378人，寡妇108人。从鳏夫占已婚人数8.84%和寡妇占已婚人数17.53%的比例来看，女性不再婚嫁的人比男性多[173]。这在一定程度上也说明了女性对再婚持保守态度。

第三节
近代江南女性婚育观的演变特征

基于上述对近代江南女性婚育观典型内容的提炼，可看出在传统期，女性婚姻自主的妥协是来自对社会体制的妥协，这也是一种变相的维护，以达到对

自身社会身份的认同与提高；女性婚育行为与育儿态度，来自晚婚晚育的区域环境，女性更注重崇文重教并将女性意识与家族的荣辱、社会的责任相捆绑；女性对贞节观念的维护，主要显现出女性对自我意识保留的一种方式。总之，传统期所显现的女性婚育观在一定程度上也间接体现了女性在婚育观念中自我意识的表达以及对社会身份认同的渴望，只是大多是以被动的方式寻求能够表达女性观念与意识的弹性空间。在转型期，随着社会将女性"人"的价值摆入社会两性秩序的蓝图，女性婚育意识的自主性逐渐提高。女性婚姻自主的强化与折中态度，既体现了主动性也体现了不确定性；女性适龄婚育与优生，显现出女性在婚育与育儿中更注重科学性，也在逐渐接受偏向西方的方式；对贞节观思想的颠覆与实践保守态度，显现出女性婚育观念实践中的保守性。总之，转型期所显现的女性婚育观逐渐以主动的方式表达女性观念与意识。在此基础上，针对近代江南女性婚育观的演变特征作进一步探讨。

一、由"单一性"至"多样性"的变化

近代江南女性婚育观中，女性对自我认同中的单一性逐渐向多样性的本我发展。传统期中，女性婚育观的自我认同来源于儒家思想"婚礼者，将合两姓之好，上以事宗庙，下以继后世也"的自我内化，表现出对自身评判标准的单一性。将自身内化为相夫教子、家族兴旺以及传承家庭文化的重要推动力量，体现了女性在婚育观上对自我认同的象征性。同时在明清两代传播广泛的女教书中，作为中国传统社会塑造理想女子的教材，其中以《女四书》最负盛名，包括东汉班昭的《女诫》、唐代宋氏姐妹的《女论语》、明代仁孝文皇后徐氏的《内训》和明末山东琅琊王相之母的《女范捷录》。这些女教著作无疑都凸显了妇女作者对儒家性别观的认同[28]。儒家性别理论的中心是男尊女卑，"三从""四德"、男女有别等，都体现的是妇女的第二性身份[169]。而这些也在一定程度上强化了女性在婚育观中对自身身份的认定，即一种作为推动家族兴旺的象征。因而大多表现出对社会体制的变相维护，也带有宿命论色彩。

而至转型期，随着西学东渐、外国进步女性的事迹竞相传入中国，重构理想女性形象已势在必行[170]。对传统意识观念的不断打破与重建，"贤妻""良母""女国民""新女性""国民女战士"等女性新角色不断出现与更新，也不断影响女性婚育观念中的自我认同与自身评判标准，江南女性婚育观也逐渐体现出对"本我"以及"人"的价值的思考，由单一性、被动层面的自我认同转而

向多样性、主动层面的自我认同转变。人是生理性、复杂性，也是充满多样性的。例如在婚姻自主的表现形式中，从以往对婚姻自主的妥协以及在贞节观念中对自我意识留存的极端性行为，向婚姻自主中"本我"的思考与转变。在对于"本我"的思考、摸索与实践中，从极端行为的留存到自我需求中对择偶范围、婚姻家庭的组成结构、婚姻目的等方面的分层与细化，以及对贞节观思想的颠覆并逐步倡导人的价值等，均体现出女性婚育观中"人"的自我需求与选择的多样性特征。

二、"引领性"与"矛盾性"的共存

"引领性"体现在女性婚育观中对内、外文化较高的接受程度。内部文化主要指江南社会的文化、自身的文化；外部文化主要指西方社会的文化。"矛盾性"体现在自我意识与外部环境的冲突性。

在"引领性"中，随着社会思想意识对于女性权利、社会地位的肯定与宣扬，在女性婚姻自主方面，婚恋自由、择偶范围、结婚形式等方面对外来文化具有较高的接受程度；在生育形式与育儿态度方面，传统期江南社会的晚婚晚育体现出对控制人口增长的理念与实践结果的引领性。在此环境下，江南女性在婚育行为及育儿主张中表现为注重婚育"质"而非"量"，更倾向护生与崇文重教。同时，根据张氏家族的例子，母亲教育子女在性别上不分内外、女性与男性同样有接触教育的机会。女性对崇文重教的注重，期望能让子嗣实现"学而优则仕"的目标，其学主要体现在科举之学。转型期中的江南女性生育与育儿观念逐渐集中在科学优生上。梁启超说："有系统之真知识，叫作科学，可以教人求得有系统之真知识的方法，叫作科学精神"[171]。同时，近代科学精神也体现在转型期的江南女性婚育观念中。在婚育行为方面，女性婚育年龄普遍呈现出适龄婚育，女性从生理形式与精神层面逐渐接受科学化、体系化的生育形式。生育形式中也由以往请接生婆在家里生产逐渐转为在医院进行生产并接受西式的接生新法。

"矛盾性"体现在自我意识与外部环境的冲突中女性婚育观的不确定性。1912年辛亥革命推翻了封建社会的末代政权，虽然社会观念开始重新审视女性的社会身份以及注重女性"人"的价值，但留存在女性婚育观中单一性的自我认同以及对于礼制的维护，在面对新的意识所提倡女性婚育观的平等与自由时，大部分女性呈现出折中态度或不知所措，依旧保留了传统期的部分观念，在接受程度中显现出女性在婚育观中的不确定性。在婚姻自主方面，当传统期江南女性以一种自我牺牲的方式来达到社会认同与社会价值的提升时，又存在对婚姻自主追求的矛盾性；至转型期，当对女性婚姻自主进行提倡时，女性也呈现出婚姻自主的折中态度。在贞操观念方面，传统期的江南女性在贞操观念中寻求自我意识性留存的同时，也负担了巨大的心理压力，体现了一种不确定性。在转型期，当女性解放的口号在男性的口中叫响时，女性对于社会地位的提升出现了多种新形式、新方法，同时女性在思想意识层面对贞节观也出现了从未有过的颠覆。但江南女性离婚、改嫁情况的概率并不高，同时自定结婚的比例也不高，这也体现出女性婚育观在理念与实践中的矛盾性与不确定性。

三、由"制度性"至"意识性"的变化

传统期至转型期，女性婚育观中体现了由"制度性"至"意识性"的变化，体现出女性婚育观从被动层面向主动层面的变化，更多地强调个人意识与创新精神。

在传统期，儒家以"礼""孝"为准则。因此，传统婚育观也以"礼""孝"作为评判女性婚育的标尺，具有制度性与统一性。同时，儒家礼教也试图削弱母亲生理角色的意义[169]，使得女性婚育观中体现出对礼制的维护。例如《浮生六记》中，沈复妻子陈芸对传统一夫一妻多妾制度的认同。即使沈复告诉妻子不需要侍妾，可是陈芸还是一心为丈夫挑选"漂亮和韵味兼备"的侍妾。贞女在自杀时穿上婚服并带上未婚夫家的聘礼或聘书，也说明了女性在婚育观念中对礼制的维护与践行。至转型期，随着社会制度性框架的逐渐解体，社会思潮不断推进与构建新的观念框架。1915年陈独秀创办《青年杂志》（后改名《新青年》），标志着中国近代伟大的思想解放运动——新文化运动的兴起。陈独秀在《青年杂志》发刊词中提出人是"自主的而非奴隶的"[172]。同时认为人具有塑造自我的能动性。婚育目的逐渐由传统的"宗祧"婚姻逐渐向两性婚姻转变，由"一夫一妻多妾"逐渐向"一夫一妻"婚姻模式转变。社会中诸如黄素娥般的新女性，不仅用自身行动不断体现出对婚姻自主性、婚恋自由的实践，同时还跨越种族、冲破世俗的固有观念，开展了一段异国婚恋，婚育意识的创新性不断提高。

第四节
近代江南女性婚育观的物化形式

物化是指人的观念形态通过社会实践转化为物质形态[23]。由女性婚育观的变化所呈现的物化形式，显现在文化、习俗、服饰、传媒、文学等各方面。以下主要针对女性婚育观所物化的婚育习俗与婚育服饰进行探讨。

一、婚育习俗

在婚礼习俗方面，由于观念的变化，人们在习俗的实践中也开始发生变化。在婚礼形式中，江南逐渐开始从传统婚礼中的遵循"六礼"转变为近代婚礼中的"新式婚礼"，表2-3所列为江南传统婚礼的主要过程，其中包含了婚仪内容与婚仪信物。从中可看出在传统婚礼习俗中，江南同样沿袭"六礼"，在礼节表现与名称上融入了江南特色。近代，婚礼仪式逐渐简化并基本按照西式的形式，新式的婚礼形式逐渐在江南展开。以下对于传统与近代江南婚礼习俗作具体梳理。

表2-3 江南传统婚礼主要过程

名称	婚仪内容	婚仪信物
纳彩	携雁行聘	—
问名	"送庚帖""龙凤贴"	年庚帖、年庚八字、红米、千年菖
纳吉	"送小盘""送茶"	银质年庚帖；鎏金求允帖
纳征	"受茶""答聘""开盘"	—
请期	"送脚日"	—
亲迎	"肃妆迎鸾""暖床""铺行嫁""点妆""请女婿""抱上轿""交拜礼"	全金六礼或半金六礼；四橱八箱
后续礼节	"见面钱""行团圆礼""吃团圆昼饭""双回门""送荣归""会亲""做满月""做生日""送夏幛""四时八节礼"	—

所谓"六礼",即是《礼仪》所称"纳彩、问名、纳吉、纳征、请期、亲迎"等六种礼节。讲求遵循"明婚正配",其中"明"为光明正大,"正"为合乎礼教。同时,江南在传统婚礼中更注重财富与门第,因此在婚礼礼节中更为讲究与奢华。《无锡金匮合志》记载:"婚姻之家,必量其贫富而后合。"[173]

纳彩是指男方家请媒人向女方家送礼,表示求婚意向的礼仪。江南纳彩时,男方派人携带大雁前往女家送礼行聘,称为携雁行聘。婚俗用雁或唯奠雁礼,是因为雁为随阳鸟,顺阴阳而往来,与古人观念中"夫为阳,妇为阴"的观念是一致的,有妻从夫之意。问名是指女方家长同意求婚,男方再合八字;在问名中,以交换庚帖进行合八字,俗称"送庚帖"或"龙凤贴"。女方家先将女子年庚八字裹以红封,副以红米、千年菖,交与媒人,媒人接帖后,直奔男方家灶间,置帖于灶座下,三日之内如有碎碗破瓶之事,则示不祥,即托言不合,将八字退还[174]。

纳吉也称"送小盘""送茶",是指男方家请媒人将占卜得到的宜婚吉兆告知女方家长并向女方口头求婚,得到允诺后,再行帖求婚,叫"求允帖"[164]。中上层人家还要求男方家准备金质或镀金"求"字一圆、金一绽、金如意一支、兔毫笔两管,取"必定如意"之意。果品四色或八色,如龙眼、荔枝、葡萄、蜜枣之类干湿果品,茶叶数十百锡罐,送至女方家,女方家则返以"允"字,并泥金年庚帖一副、银发禄一只、百果喜糕数十百盒(图2-2)。纳征也称为"受茶""答聘""开盘",是指男方将聘礼送至女方家。礼物既至,女方接受聘礼。两家都具谢帖进行相送,须请亲朋中夫妇双全之人启封,谓之"开盘"。男方家既得喜糕,散发诸亲友。女方家则以茶瓶赠送亲友,俗称"受茶"[9]。请期为男方选定成婚日期,请媒人通知女方,江南俗称"送脚日"。

(a)银质年庚帖　　(b)鎏金求允贴

图2-2　年庚帖与求允帖[164]

亲迎指在婚礼前十余天先行迎鸾礼，旧称"肃妆迎鸾"。由媒人领人将新娘婚礼时穿的礼服、家常服饰、首饰和鱼、肉、酒、果等物送至女方家。家常服饰有全金六礼（指金锭、金如意、金镯、金戒指、金钗、金耳环等饰物）与半金六礼（以银器代替）的区别[175]。《同里志》记载也有男方家备饭箩两只，红纸封口，名曰喜箩。内装金砖两块，红纸密封。鱼肉各一，米少许。迎娶毕，男女两家掌礼收去，即城中鸡鱼肉面礼也。女家以新郎鞋袜、绣件（油面榻、眼镜套、荷包等）、文房四宝等还礼[176]。同时在婚前十余日，准新郎邀亲朋中未婚男子联床，俗称"暖床"，为宜生男之兆[177]。在喜期前一日或当日，女方先将嫁妆在女方家中陈列，再将所有嫁妆（称为"发妆"）送至男方家，俗称"铺行嫁"。吴中嫁妆以箱橱为主，有四橱八箱，次之为对橱四箱，普遍为两橱两箱，有全红木、全榉木或半红半榉，还有桌椅、盆桶、碗盏、杯盘等，或铜或锡或瓷，以及新娘化妆品等，连生孩子的用品都要预备，还要饰以锦袱、绣幔。丝绸被从八条到二十条不等，谓之"显被"，所绣多为双鱼、凤凰、鸳鸯等图案。

女方家根据男方所送彩礼的多少，置办嫁妆。在喜期临近时，男方派媒人到女方家"催妆"。喜期前一日或当日，女方家将嫁妆陈放在院中让乡邻观看。水乡农村请亲友将嫁妆载送至男方家，当船行至男方家河浜时放爆仗，并在河浜中转三圈后才停靠在男方家的码头上，然后将嫁妆送至新房中。男方家依女方家提供的妆奁簿点收，谓之"点妆"。妆奁用吉祥之语写成，皆六字成句，如"五彩抬花成对""榴开百子登科"等。

嫁妆到达男方家后，新郎坐轿出发去女方家迎亲。迎亲彩轿有两顶，一顶由新郎坐着到女方家迎娶，一顶空着准备由新娘坐。新女婿到岳家后，岳父母设筵招待，称"请女婿"。筵后新女婿辞别岳父母上轿。女儿上轿时常由父或兄弟抱入轿中，俗称"抱上轿"。彩轿到了男方家，停在厅前，由一对儿孙满堂的老夫妻揭开轿门，新郎、新娘双双出轿，先拜天地，再行交拜礼。礼毕，由傧相掺入洞房。进房时，由一人用两只布袋轮流铺在地上让新人踏着走，称"代代相传"。有的不用布袋而用红毡。接着新郎新娘出房拜见父母，并向宾客行礼，然后再回洞房，吃合欢宴，饮交杯酒。此时洞房中红烛高燃。合欢宴的每样食物必须有剩余，取"有吃有余"之意[177]。

后续礼节中，次日早晨新娘拜见公婆得到公婆的饰品或银钱，称为"见面钱"。接着挨次拜见族内尊长和宾客，与平辈、小辈见面则作揖，并互赠礼品，称"行团圆礼"。中午，公婆朝南坐，新婚夫妇朝北坐，家人东西陪席，同桌吃饭，称"吃团圆昼饭"。午后，新郎带着新娘至女方家拜见岳父母及女方尊长，随送糖、茶叶、莲心、桂圆等干果，俗称"双回门"。女方父母和尊长将见面钱赏给新女婿。接着岳父母设筵请新女婿。返家时，岳父母也送糕点果品，称为"送荣归"。吉期后第三天，女方的父亲及叔、伯、兄弟等都至男方家，新郎父亲亲自出门迎接，进屋后由新娘出来拜见，然后设筵招待，称为"会亲"。至此婚嫁礼仪方告全部结束。新妇出嫁后一个月或遇其生日，女方家要赠送物品作贺，称为"做满月"或"做生日"。新夫妇结婚后第一年的端午节，女方家要做夏天的衣服，并将粽子、手帕、扇子等物送至女婿家，称"送夏幛"。新婚当年，逢春、夏、秋、冬四季和重要节令（如清明、端阳、中秋、冬至、春节等），新女婿都以应时礼品送往岳父母家，称为"四时八节礼"。

在近代，逐渐流行新式婚礼。新式婚礼自晚清开始逐渐盛行，从江南沿海城市向内陆地区逐渐延伸。所谓"新式婚礼"即指"文明结婚"，指的是采取西方的结婚礼仪而摒弃烦琐的传统婚礼，是传统婚礼形式的一种转变[178]。同时由于女性对西方婚礼、生育形式的逐渐接纳与吸收，越来越多的女性在婚礼仪式中逐渐选用新式婚礼（文明结婚）的形式。同时，还在新式婚礼的基础上延伸出集团结婚（集体婚礼），并且也流行拍摄结婚照片并在报纸期刊上刊登，以视隆重与昭示。由秋瑾等主办的中国最早妇女刊物之一的《女子世界（上海）》也对于文明结婚概念进行了刊登。相对于传统婚礼，新式婚礼首先在形式上较传统婚礼来说更为简化，以戒指、结婚证书作为结婚信物，以男女结婚意愿为主，父母媒人起监督作用。虽然新式婚礼相对比传统婚礼程序简约，但仍有一套婚礼仪式。1904年《觉民》刊登新式婚礼的要求[179]：规定订婚与结婚期限不得超过二年。定下日期后男女双方互递结婚证书。当日结费男女各负责一半，日用器具费用由男方承担。结婚场所定在公共场所；结婚时间定在上午10点，一般9点为宾客聚集时间，10点为婚礼仪式时间，12点为宴会时间，下午4点为解散时间。结婚步骤为：至行仪的时候，来宾左右分立。男女盛装由其父母导入。男自东阶出，女自西阶出，既登中堂站立，相向而对并行四下作揖礼（拱手礼）。来宾代表（由结婚双方合力推举）读祝词，随后男女双方行三鞠躬作为答谢。礼毕后，男女双方向父母行四下作揖礼（拱手礼），父母也以同样礼节回应。集团结婚是新式婚礼的其中一种形式，其目的为避免结婚形式的奢靡浪费，由此也可看出，女性对于结婚形式也越来越偏向经济性。婚礼凭证由以往的年

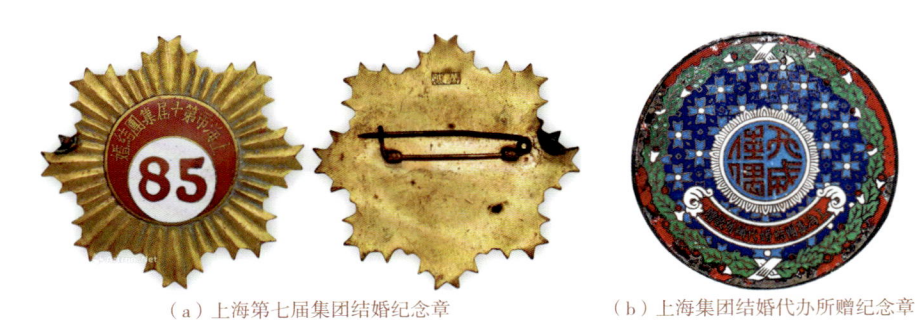

庚帖、求允帖逐渐由新式结婚证书、结婚纪念章替代。如图2-3所示为集团结婚纪念章。

（a）上海第七届集团结婚纪念章　　（b）上海集团结婚代办所赠纪念章

图2-3　集团结婚纪念章（雅昌拍卖图录）

在育俗方面，在传统习俗中因护生崇文观念的倾向，以及倡导礼仪、生活规范、道德修养、功名思想、文化等观念与习尚的树立，必须自幼学起，做到寓教于乐、寓育于识与寓育于礼[180]。因此，在文化发展程度较高的江南更是在育俗中体现出护生、崇文重教的风俗倾向。育俗包含一系列的求子风俗、孕妇保健与胎教、诞生风俗、育儿风俗等内容。在诞生礼仪方面，包含催生礼、诞生礼、寄名习俗等。催生礼为妇女怀孕八个多月的时候，其母亲或娘舅家要为未出世的外孙或外孙女准备衣物。选择吉日，由父母或娘舅夫妇送达。其礼物为：两块糕，一斗陈米（黄米），十几斤面条，六、七斤猪肉，二十个鸡蛋，二斤红糖，二刀草纸，一把干苦草（益母草），摇船或骑车送至女婿家[181]；诞生礼围绕着给初生婴孩的"斋星官""满月""抓周""剃头""洗头"、送剃头面、送小寿桃、吃"剃头酒"等一系列活动进行；寄名为将孩子寄名于子女多的人家或寺庙神佛，体现子嗣连绵平安的祈愿。而至民国时期，开始流行将幼童或者幼童与母亲合照的满月（也称为弥月）照片刊登报纸期刊，同时也会刊登满月请帖。请帖一般为粉红色卡片并摆酒席招待亲朋，同时亲朋会送满月礼物，包含小衣裳、小鞋帽、"小毛毡"、"克宁奶粉"、八仙、手镯、寿星、项锁等[182-184]，体现出传统与新式礼俗形式共存的状态。

二、婚育服饰

服饰作为观念的物化形式，体现了社会身份、地位、思想意识形态。女性对婚姻自主的妥协视为对社会制度、礼制的维护，以此达到对自身社会身份的认同与提高。同时只有嫡妻才有资格穿象征身份的凤冠霞帔婚服。凤冠霞帔为判定嫡妻的礼服标志。随着近代女性对婚姻自主性的思考以及对于婚姻实践的折中、保守性态度的发展，女性婚服在形式、搭配中逐渐多样，出现了传统礼服、新式礼服、西式婚纱、旗袍的女性婚服形式，在婚服中也开始同时出现中式与西式的装饰元素。但女性婚礼服饰中对于"盖头""明媒正娶"的文化符号仍是无法舍弃的，只是替代载体发生了变化。

在育俗服饰方面，在催生、诞生相关的礼仪服饰中也体现出女性对幼童的护生与崇文重教的态度。例如催生服饰中，为未出生的婴孩准备的袄裙、脱毛衫、夹裤、抱裙、虎头帽、通书袋等体现了对幼童身体包裹性的呵护，起到护生的作用；在寄名风俗中物化的寄名袋与包领大等不仅体现了平安长寿也体现出崇文重教，希望自己的后代将来可以有出息、走仕途的愿望。随着近代对优生的重视，逐渐开始关注孩童身体健康的发展，在幼童服装方面也逐渐出现向西式装扮的变化，女性对于幼童服装不仅关注护生性，同时也逐渐关注服饰的科学性、轻巧性、耐磨性与经济性。

| 第五节 |

本章小结

本章主要对近代江南女性婚育观进行提炼，进一步解析近代江南女性婚育观的演变特征以及引申出物化形式中婚育习俗、婚育服饰的变化。主要结论如下：

（1）从整体看，传统期江南女性婚育观多集中在被动层面意识的表达。婚育观念注重社会制度性、身份性，多通过自我牺牲的方式达到社会身份的认同；转型期江南女性婚育观多集中在主动层面女性意识的表达，注重自我性与意识性。从传统期至转型期的发展中，近代江南女性婚育观显现出由单一性至多样性、制度性至意识性、引领性与矛盾性共存的多元化发展面貌。

（2）近代江南女性婚育观从传统期至转型期，既具有社会的趋同性也具有区域的特殊性。在传统期，江南女性婚育观主要表现在对婚姻自主的妥协与无

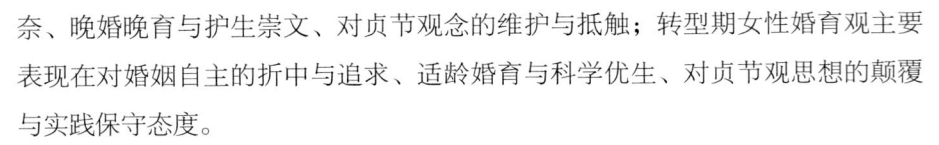

奈、晚婚晚育与护生崇文、对贞节观念的维护与抵触；转型期女性婚育观主要表现在对婚姻自主的折中与追求、适龄婚育与科学优生、对贞节观思想的颠覆与实践保守态度。

（3）近代江南女性婚育观的演变特征主要体现在由单一性至多样性、制度性至意识性、引领性与矛盾性共存的多元化发展面貌。"单一性"至"多样性"的变化是指女性在自我认同中逐渐对"本我"的思考，体现出"人"的自我需求的多样性；"制度性"至"意识性"的变化是指个人的意识性、自我能动性的变化；在"引领性"与"矛盾性"共存中，"引领性"是指女性对内外文化具有较高的接受程度，"矛盾性"是指女性自我意识与外部环境的冲突中所体现出的不确定性。

（4）近代江南女性婚育观的变化也使得对待婚育习俗、婚育服饰等载体的实践形式发生变化。在婚育习俗方面，婚俗实践形式呈现出由传统婚礼形式向西式婚礼的转变。在对待育俗的形式中，既保留了护生崇文的习俗，也逐渐向优生科学的形式发展。在婚育服饰方面，女性婚服与育服的服饰选择形式呈现出由中式向西式的转变。

第三章 近代江南婚育服饰形制

服饰是社会整体思想、习惯、技术及其状况特征的最明显的表达[185]，服饰的面貌体现了社会整体的思想与观念。在对于近代江南女性婚育观典型性内容与演变特性进行解析后，为探究在近代江南女性婚育观影响下婚育服饰的整体面貌，依据服饰主要构成元素与形式，分别从形制、质地、装饰、工艺进行论述。本章主要对近代江南婚育服饰形制与基本着装特征进行研究，为后续章节的展开作铺垫。

　　江南是西方文明西学东渐的引领与前沿地区。随着西方文明通过沿海港口的传入，近代新思潮的兴起与开展逐步在江南扩散。随着近代上海的脱颖而出，逐渐形成以上海为中心，杭州、苏州、无锡、扬州、南京等众星捧月般的时尚集成区域。江南成为对于西方文化接受最快，融入最快，同时也成为影响全国服饰的时尚中心与文化坐标地。

第一节
近代江南婚育服饰种类概况

选取近代江南女性婚礼服饰、诞生礼仪服饰及幼童服饰作为研究对象，立足实物分析与实地田野调查，以江南大学汉族民间服饰传习馆所收藏的江南服饰实物资料作为支撑，通过对江南具有典型性博物馆的走访，诸如苏州博物馆、苏州民俗博物馆、苏州丝绸博物馆、中国苏绣艺术博物馆、浙江省博物馆、中国丝绸博物馆、台北故宫博物院，进一步收集相关实物资料，结合民俗服饰博物馆、私人收藏家、雅昌艺术品拍卖信息等处所收藏品作为参考。

如表3-1与表3-2所示，江南女性婚育服饰藏品共计228件，其中袄、褂、衫、旗袍等在内的女性婚服23件；儿童袄、褂、马甲、裤等在内的童服23件；童帽、眉勒在内的首服18件；童鞋、绣花鞋在内的足衣9件；抱裙、荷包、肚兜、发禄袋、扇套、寄名袋、包领大、通书袋、钱褡、油面揭、口围等婚育相关配件155件。

表3-1　近代江南婚育服装实物明细表

服饰类别	女性婚服			育服			首服		足衣		共计
种类	袄/褂/衫	裙	袍/旗袍	袄/褂	马甲	裤	童帽	眉勒	童鞋	绣花鞋	—
数量/件	6	15	2	15	3	5	13	5	6	3	73

表3-2　近代江南女性婚育配件实物明细表

种类	抱裙	荷包	肚兜	发禄袋	扇套	寄名袋	包领大	通书袋	钱褡	油面揭	口围	共计
数量/件	1	32	1	23	32	2	1	2	33	24	4	155

在近代资料中，以清末民国时期自1859—1949年近代期刊中的结婚照作为数据来源，同时结合近代报纸杂志、近代名人日记、近代小说进行比对。涉及文献资料400篇，收集婚礼服饰有效照片454张，其中涉及幼童照片118张。

第二节
近代江南婚育服装形制

基于江南大学汉族民间服饰传习馆所收藏江南服饰实物资料，结合史志材料、近代图片资料、田野调查记录及相关文献记载，对近代江南女性婚服形制进行论述。

一、近代江南女性婚服形制

随着女性婚育观的变化与女性意识逐渐觉醒。女性在接受新概念、新文化的同时对传统观念仍持有保留态度，在婚服形制上以传统上衣下裙的形式作为婚服变化的初始轮廓。在此基础上，女性婚服形制不断发生变化与改良，并融入、接纳了西式婚服形制。接下来对近代江南女性婚服主要形制作如下论述。

（一）上衣下裙

在江南的女性婚服中，无论是清代传统婚服还是民国以来的新式婚服，都是以上衣下裙的形式作为女性婚服变化的初始轮廓。新式婚服是指新式婚礼中所穿着的婚礼服饰。

清代汉族女性传统婚服为凤冠霞帔，即头戴凤冠，身穿圆领宽袖命妇上衣，身披霞帔，下着汉式裙装。所谓"官宦人家戴凤冠霞帔，约等于满族的钿子"[186]。清代著名小说家和作家徐珂（1869—1928年），在其著作《清稗类钞》中记载：在清朝，汉族女性的婚服仍延续明朝婚服形制，无论品官士庶，其子弟结婚时，新妇必用凤冠霞帔。同时，新妇在合卺（新郎新娘饮交杯酒）时，必用凤冠霞帔，至次日，始改朝珠补服[187]。因此清代正房妻子大婚所穿着的

"凤冠霞帔"也是嫡妻身份的象征，同时大红色裙装也只有嫡妻才有资格穿着，象征着女性的社会等级与身份。

自晚清，江南开始流行新式婚礼。如图3-1所示为1888年上海圣玛丽亚书院首任女校长黄素娥与美国圣公会宣教士卜舫济（Francis Lister Hawks Pott）的结婚照片。图中黄素娥的婚服为清代传统常服上衣下裙形制，圆领宽袖，搭配锦绣马面百褶裙，手握西式捧花。从图中可看出晚清时期女性婚服的搭配中开始出现西式捧花的西式婚礼配件，在服装形制上也不再局限于特定的婚服款式。

晚清至民初，逐渐流行"八团红青褂子"的女性婚服，其形制为石青色（颜色接近黑色的深蓝）对襟礼服上衣与大红百褶裙的婚服搭配。"八团红青褂子"服装形制与满族吉服类似，也称为"披风"。著名报人、小说家包天笑老先生在《六十年来妆服志》中介绍道，妇女的礼服，最普通者曰披风，曰红裙。披风比于男子的外套，也是吉服，则作天青色（在这与石青色同）；披风也像男子外套的作对襟，长可及膝，有两袖，极博，以蓝缎而绣以五彩或夹金线之花。未嫁的闺女，不得穿披风[189]。这一现象据记载最早源于北

图3-1 黄素娥与卜舫济的结婚照片[188]

京汉族的婚嫁礼俗[190]，也体现了满汉服饰的融合，与满族外褂不同的是"八团红青褂子"为短款，下面还要配汉族流行的百褶大红裙子。清中期以前"八团"并不用于婚嫁礼服，所谓"八团"为清代服饰纹样的布局形式，即在衣服的胸背、两肩及两膝前后各绣一组圆形图案，整件衣服共有八个团纹[191]。《道咸以来朝野杂记》记载："女褂有八团者，亦天青色，下无丽水，以组绣团光八个嵌诸玄端上下左右（前后胸各一，左右肩各一，前后襟各二）。内不穿袍，以衬衣当之，其色或绿，或黄，或桃红，或月白，无用大红者，年长者则不用绣八团[192]。《清稗类钞》中记载："八旗妇人礼服，补褂之外，又有所谓八团者，则以绣花或缂丝为彩八团，缀之于褂，然仅新妇用之耳"[187]。从这可看出八团只是年长者不用，至晚清八团才用于女性婚礼礼服。如图3-2所示为苏州丝绸博物馆

收藏的一套清末文官一品夫人礼服，为元色（黑色）彩绣团鹤对襟女袄与大红彩绣镶边马面裙的搭配形式。上衣胸前绣有团鹤纹样，下摆及袖口绣有江水海崖；下裙由数块大红缎地刺绣面料拼合而成，裙的马面绣有仙鹤花卉，并镶有装饰花边，裙边绣有江水海崖纹。图片中的服装形制与上述"八团红青褂子"女性礼服相吻合。

"八团红青褂子"用于女性婚服的例子还有在苏州刺绣博物

图3-2　女礼服套装（苏州丝绸博物馆收藏）

馆收藏的宋庆龄母亲于1887年在上海三马路与泥桥之间的监理会新教堂举行婚礼所穿的婚服复制品，同样也是黑色或石青色礼服与大红裙形式的礼服搭配。这一婚嫁穿着形式与《点石斋画报》中描绘上海婚俗"哭嫁"中新娘的着装相吻合。1908年125期与126期的《时事报图画杂俎》[193]，以连载的方式刊登了题为"亦是文明结婚"的上海松江诸行街上新式嫁娶的情形："用柏枝为舆巧扎花球异常华丽，迨新娘登堂则首戴黑晶镜，身穿天青披风，气度从容"。如图3-3所示为图中新娘头戴兜勒、侧鬓戴花，身着对襟长褂，衣身左右开衩，下着马面百褶裙。同时根据文字描述可知新娘还佩戴了黑色墨镜，身披天青色披风，图中新娘的着装与上述清末文官一品夫人礼服类似。由此可见"八团红青褂子"这一服装形制在一段时间内作为女性婚礼服饰存在。

同时笔者在寻访私人收藏家李品德老师所收藏的两件婚服其形制也与上述相似，但团纹的数量、下摆袖口的图案出现了变化。如图3-4与图3-5所示，此件女士礼服为立领对襟，两端侧缝与前后衣片开衩，衣长约

图3-3　新娘装扮[192]

84cm，前胸宽约53cm，通袖长约139cm，下摆宽约70cm，衣裾高约10.8cm，袖口宽约20cm。团纹数量有10个，团纹图案的直径约为14cm。

（a）正面　　　　　　　　　（b）反面

图3-4　女礼服上衣1（李品德老师收藏）

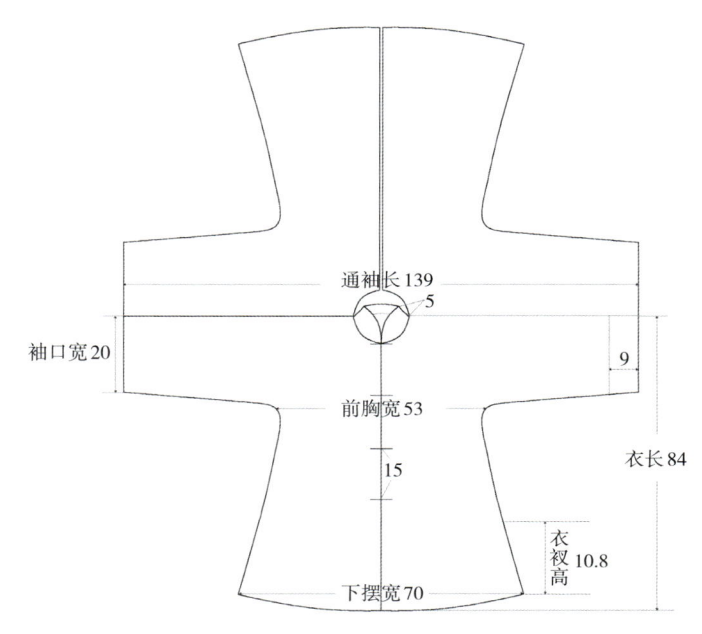

图3-5　女礼服上衣1服装结构（单位：cm）（李品德老师收藏）

如图3-6所示，第二件女礼服为直领对襟，形制与明代披风类似。领宽约6.5cm，领总长约76cm，衣长约77cm，通袖长约131cm，下摆宽约70.5cm，裾高约25cm，袖口宽约27cm。团纹数量有15个，团纹图案的直径为11~12cm。从两件礼服上衣的比较来看，领部造型、上衣缘边、下摆的图案均出现了变化，团纹数量与大小不尽相同，衣长变短，两侧的衣裾抬高。

从上述对"八团红青褂子"的描述与分析，可看出形制为立领、直领的对襟形式，展开多呈现平面直线"十字"造型。以黑色或深蓝色缎为底，上面绣

(a)正面　　　　　　　　　　　　　(b)反面

图3-6　女礼服上衣2（李品德老师收藏）

有团纹图案。团纹数量包含八团、十团与十五团。团纹的图案内容为仙鹤与稻穗，下摆及袖口绣有江水海崖与时花纹样，花卉的品种随流行式样而变[194]。同时私人收藏家李品德老师所收藏的民国初期杭州丝绸厂的面料概况说明书中也有对此形式女性礼服的记载：绣花女礼服分为五彩时花礼服、八团花无潮水礼服与八团花有潮水礼服。其中八团花有潮水礼服价格最高，也最为隆重。由此可见"八团红青褂子"不仅在一段时间内作为女性婚礼服饰存在，同时也是礼服中形制最为隆重与奢华的。同时在"八团红青褂子"中服装各部分的装饰、数量的变化在一定程度上体现了服装中所体现的等级制度的逐渐松散。"八团红青褂子"的穿着也不再局限于特定的等级，从社会名流到近代报刊中刊登的一般女性均可穿着，此类婚服的流行显现出对等级的僭越，对新式服饰形态的尚新，也说明女性婚服的流行性、时尚性逐步代替等级性与制度性。

随后江南女性婚服上衣颜色逐渐由深蓝色、黑色向红色、淡红色发展，红色绣花衣裙的婚服形式逐渐流行，同时在服装造型中也融入西式服装造型。如图3-7所示为江南大学汉族民间服饰传习馆收藏的民国时期大红缎地绣花女袄婚礼服（JN-A002）。其领型采用西服戗驳领的西式造型，周身以仿制西式蕾丝花边进行装饰。整体形制为连袖、对襟、盘银绣、袖口襕干，两侧开衩。衣长

(a)正面　　　　　　　　　　　　　(b)反面

图3-7　女性婚服上衣（江南大学汉族民间服饰传习馆收藏）

为67cm，通袖长约119cm，袖口宽25cm，前胸围约48cm，下摆宽68cm。衣身绣有葫芦花、葫芦、竹子、蝴蝶与海水纹样，在盘结处为蛹和蝴蝶的立体造型，具有永结同心、福禄的吉祥寓意，同时纹样布局形式与"八团"相似，以花草的布局代替了团纹实体图案。民国初期在上海，新娘婚服中出现中式凤冠、淡色绣花衣裙与西式头纱的搭配形式。说明女性婚服形式中传统服饰制度的统一性逐渐淡化、婚服搭配更为自由，西式元素的比例逐渐增多。

在女性婚服裙装方面，马面裙在清代是女性最基本的裙装，马面裙是以数幅整幅缎面接合而成的长裙，前后各有20cm左右的平幅裙门，后腰亦有20cm左右的平幅裙背（因长方形裙门、裙背形似一张马脸，故名"马面裙"），两侧分有襕干和无襕干两种[94]。在平幅裙门和裙摆上绣有各种精致的绣花花边或带有镶、滚、拼贴等工艺装饰。"马面"整体造型呈现平面的"围式"造型，展开为平面梯形或长方形。在近代女性婚服裙装结构方面，在马面裙的基础上，一方面裙子逐渐由两片合为一片；另一方面是裙装侧缝的缝合[194]。随着裙装中马面、侧襕和裙腰结构的消失，逐渐由围系之裙演变为套穿之裙[195]。在套裙中主要分为中式套裙与洋式套裙，中式套裙的裙面仍保留假似褶皱形式；洋式套裙则裙身少褶皱，多以平面为主。如图3-8与图3-9所示为围系形式的襕干马面裙，反面为湖绿色光面绸缎拼接，裙身为大红色绣花绸缎面料，并用镶边将裙幅分割成错落有致的襕干。但可以看到的是马面处与褶襕处的装饰逐步简化，同时立体的褶襕逐渐平面化并成为规则的装饰线条呈现在同一裙面中。裙长约为97cm，裙腰长约为102.5cm，裙腰高约10.5cm。此处裙腰为淡蓝色棉布质地，有些裙腰颜色为白

（a）正面

（b）反面

图3-8 女礼服裙（李品德老师收藏）

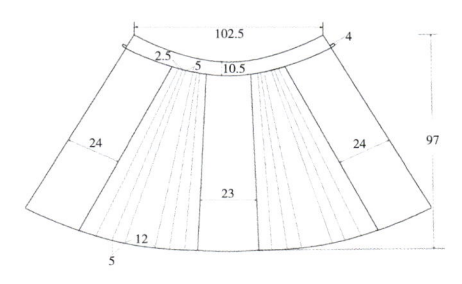

图3-9 女礼服裙结构图（单位：cm）（李品德老师收藏）

色，取"白头偕老"的吉祥寓意。

如图3-10与图3-11所示，此件裙为套穿形式的裙装，称为套裙。裙长约92cm，裙腰总长约84cm，裙腰高约9cm，裙腰上端至胯部开衩口约23cm。裙腰两边带有扣袢作为固定，裙两侧存有宽约7cm的褶裥，下摆缝以水波浪形状的机织花边装饰。

（a）正面　　　　　　（b）局部细节

图3-10　女礼服套裙（李品德老师收藏）

（二）中式领西式连衣裙与西式婚纱

随着西式思想和生活方式竞相传入中国，海外舶来品不断充斥着中国市场，西式连衣裙便成了民国女子竞相追逐的时髦样式，在女性婚服中也逐渐显现这一流行趋势。在女性婚服中逐渐出现中式领西式连衣裙与西式婚纱的女性婚服形式。

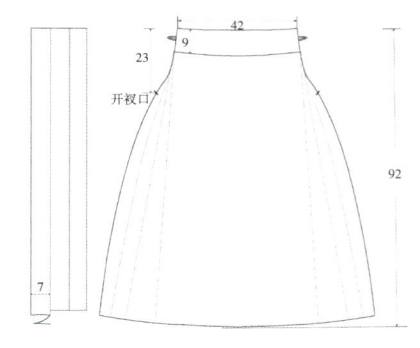

如图3-12所示，该婚服保留了传统中式领子的搭配，但在服装结构上采用了连

图3-11　女礼服套裙结构图（单位：cm）
（李品德老师收藏）

体式西式裙款。配饰搭配同色头纱与花环点缀，颜色主要为白色与香槟色。这也为日后女性中西式婚服的盛行再一次奠定了基础。1931年以后，新式婚礼中女性婚服对于西式婚纱的选择也在这一阶段达到顶峰。这个时期的女性西式婚服已经形成极为完整的体系化与制式化模式。呈现的女性形象为穿白软缎礼服长裙，头戴珠冠花环，披有4m的罩纱，戴白手套，手捧花多为白色百合花，长青草垂地。按照季节不同，冬天为长袖，夏天为短袖搭配短统的手套。在整体服装中配袜子，颜色分为银色、肤色和白色。鞋子配以与礼服同色的皮鞋或缎

鞋。同时应烫发风潮，新娘在发式上大多以波浪型烫发为主。如图3-13所示为民国上海明星胡蝶于1935年结婚时的照片，从图中可看出婚服在整体风格与搭配上都极具完整性与系列性。

图3-12　婚服[196-197]　　图3-13　民国明星胡蝶结婚照片[198]

（三）旗袍

旗袍也是江南女性婚服的一种代表性的着装形式。关于对"旗袍"这一具体服装形态的定义，学者卞向阳在其《论旗袍的流行起源》一文中说道：所谓"旗袍"，指衣裳连属的一件制服装，同时，它必须全部具有或部分突出以下典型外观表征：右衽大襟的开襟或半开襟形式，立领盘纽、摆侧开衩的细节布置，单片衣料、衣身连袖的平面剪裁等。通常意义上的旗袍一般指20世纪民国以后的一种女装式样[199]。

清代满汉女性服饰中差异最为明显的是"下裳"，俗称裙。清初期，满族女性不穿裙，以连身的袍褂为主。随着清末光绪年间满汉通婚大门的开启，满汉婚丧嫁娶风俗的趋同，为满汉两族女性服饰的进一步交汇融合提供了更加宽松的社会氛围，也为民国以后旗袍的盛行奠定了社会基础[199]。随着由袍服逐渐发展而来的旗袍强势回归，成为具有时代特征的礼服形式。旗袍于20世纪20年代逐渐在江南开始流行。同时1929年民国政府制定《民国服制条例》，将旗袍定为女子礼服形式[200]。如图3-14所示为1927年无锡青年

图3-14　张剑虹与夏慧英订婚照片[201]

张剑虹与夏慧英的订婚照片。这一时期的袍服仍保留传统袍服的平面、直身形式特点，长度与当时流行服装一样裙摆上升至小腿并露出脚踝。衣袖长过手腕和手肘的中点，袖、领、衣襟处以简洁的绲边进行点缀。

20世纪30年代是旗袍快速发展的时期[117]，旗袍不仅融合了汉族女性服装特征，也吸收了欧美文化的审美观念与裁剪形式。逐渐由平面直身形式向窄身合体的形式改良。改良后的旗袍不仅凸显女性身体曲线，而且适合多种面料，便于同其他女装服饰相搭配。因为具有经济实用性，其成为社会各阶层妇女的心头好。1942年国民政府更是将改良旗袍形式作为女子礼服样式再次设定到当时社会女性礼服的服饰制度中，因此也强化了旗袍成为女性婚服的一大亮点与流行趋势。如图3-15所示为1932—1933年上海期刊《商报画刊》刊登的穿着旗袍作为婚服的女性。从中也看出女性婚服的装饰形式逐渐由刺绣向印花转变，女性婚服的身体塑造与面料运用的自由度大幅度提升。

图3-15　以旗袍作为婚服的女性形象[202-204]

近代江南女性婚服形制类型主要包含分体式与连体式两种。其中分体式主要表现为上衣下裙，连体式主要表现为中式领西式连衣裙、西式婚纱与旗袍。在形制与风格上逐渐由传统上衣下裙中"凤冠霞帔"的着装形式发展至新式婚礼中的"八团红青褂子"再至连体式的中式领西式连衣裙、西式婚纱与旗袍并行的服饰流行局面。风格中包含了中式、中西合璧、西式的着装风格。从女性婚服的形制中也逐渐体现出服饰类型装饰的多样性、等级制度弱化性以及时尚的引领性。

二、近代江南育服形制

诞生礼标志着人生的开端，使人联想到孩子一生的富贵荣辱[73]。在诞生礼仪服饰中，传统育俗中催生服饰为必备两件毛衫（不缝毛头的连体内衣）、两件棉袄、两条棉裤和夹裤、两条抱裙（小包被）和披风，还有尿布12～20块[109]。如图3-16所示为大红绸缎绣花抱裙，其形制长约76cm，腰宽约66cm。以大红色绸料为底面，裙面上用红色、蓝色、黑色等多种彩色丝线绣出大窠凤鸟花卉的吉祥纹样，整体艺术表达喜庆吉祥，刺绣精细。

同时在诞生礼仪服装中也逐渐融入西式元素。如图3-17所示为江南大学汉族民间服饰传习馆所收藏的近代童衣（JN-TY001），为婴幼儿在诞生礼上穿着的服饰。衣长约50cm，通袖长约64 cm。童衣为圆领大红丝质连体形制。通袖造型，绣有寿星与吉祥花草纹样，镶淡黄色花穗边于下摆处。相比中式连体结构，此件童衣在服装中逐渐融入西式收腰结构，同时在领部、袖部均有收紧，不仅具有保护婴儿的功用还提高了婴幼儿服装的运动机能。

如图3-18所示为吴维翘与女儿唐宝珊的弥月（满月）合影。从图中可看出此时的唐宝珊穿着西式连体的婴儿裙装，在腰部、袖口、领口均有收口。同时此件衣服形制与上述收藏的童衣相类

图3-16 儿童抱裙（中国丝绸博物馆收藏）

图3-17 童衣（江南大学汉族民间服饰传习馆收藏）

图3-18 吴维翘与女儿唐宝珊[205]

似，也说明了上述童衣中西式元素的融合。

在幼童服饰方面，其服装款式大致依据每个时代成人服装基本样式而缩小。从魏晋、汉唐直至清代，在不同的历史时期，各民族间杂居与通婚的现象，促进并形成了古代儿童服饰"多元文化"并存的特点[76]。至清代，依据清朝"男从女不从，老从少不从"的政策，儿童服饰与女装一样也保留了明朝服装形制同时又融合了满族服饰特色。儿童服装通常上衣多穿着交领或圆领的窄袖袍，腰间系带并搭配裤装。同时在传统儿童服装中分化出汉式与满式的服装形制。汉式即"前开包裹式"的基本造型。以交领和直领为主，衣身宽大并两侧开衩，连袖并进行了接袖，前部开襟，大襟闭合处常用绳带系结；满式的基本造型以立领和圆领为主，服饰衣襟除保留了汉族的大襟、对襟外，还吸收满式的琵琶襟、偏襟等开襟形制[206]。如图3-19所示，为江南大学汉族民间服饰传习馆所收藏的汉式风格童袄。形制为直领处加领抹，绣有彩色花卉纹，挖如意云头造型，镶白色缎边并外压花边。连袖并有接袖，衣身、袖身宽松两侧开衩。衣长约36.5cm，通袖长约65cm，袖口宽约11.5cm，接袖长约12cm，下摆长约35cm，开衩长约11cm，横开领约8cm，领宽约3.5cm。面料为红素缎质地绣散点花鸟纹，搭配粉红棉布衬里。大襟绕至腋下处用绳带闭合并包裹严实，具有保护儿童腹部的功用，兼具实用性与美观性。

随着西方文化的汇入，清末民初传统中式童装开始吸收西方服饰元素，形制逐渐发生变化。在形制中既保留了中式传统童袄褂的框架，又开始出现西式

图3-19　童袄1（江南大学汉族民间服饰传习馆收藏）

的叠襟与贴袋、插袋等服装结构。传统宽大的衣身逐渐趋于直身，在配件中逐渐出现搭配揿纽、单纽式纽扣等西方纽扣的搭配形式[206]。如图3-20所示，为江南大学汉族民间服饰传习馆所收藏的童袄。衣长约为33cm，通袖长约67.5cm，袖口宽约为10.3cm，领高约为3.2cm。从形制上看保留了立领、连袖、对襟的中式传统服装元素，融入了叠门襟、圆纽的西式服装元素，衣摆处逐渐里收，整体衣身造型趋于直身。

图3-20 童袄2（江南大学汉族民间服饰传习馆收藏）

至民国时期，幼童服装形制也基本依据当时成人服装流行样式，在风格上分为中式风格与西式风格。在中式风格方面，如图3-21（a）所示，相片中人为著名作家张爱玲（1920—1995年，生于上海）幼年时（中）与姑妈（左）及堂侄女（右）的合照，拍摄于1923—1924年。小张爱玲所穿的童装为倒大袖与马甲的搭配，服装的流行元素紧跟当时女装流行趋势。如图3-21（b）所示，为张

（a）张爱玲与姑妈及堂侄女的合照　　（b）张爱玲与表姐们和表弟

图3-21 张爱玲幼年时照片[207-208]

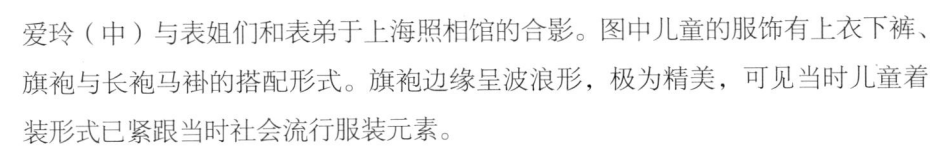

爱玲（中）与表姐们和表弟于上海照相馆的合影。图中儿童的服饰有上衣下裤、旗袍与长袍马褂的搭配形式。旗袍边缘呈波浪形，极为精美，可见当时儿童着装形式已紧跟当时社会流行服装元素。

由于女性婚育观的变化，育儿主张也逐渐倾向科学性、优生性。因此西式的衬衫、连衣裙、西裤、背带裤等逐渐成为童装主要形式。在童装形制上逐渐主张根据儿童的性别特点和身体结构，将男孩打扮得阳刚，让女孩穿得漂亮可爱，同时装饰品也丰富多变，由此培养儿童对美的感受与追求，提升儿童的审美性，从而在总体上得到"最经济、最卫生、最合用、最美趣"的服装[209]。如图3-22与图3-23所示，分别为1930年《今代妇女》刊登标题为"夏季儿童装束"[210]与1937年《方舟》刊登标题为"童装的重要"一组摄影作品[211]。图中儿童服饰中西装、衬衫、连衣裙、大衣等新式服装逐渐代替传统长袍马褂，省道、公主线、翻领、贴袋、装袖等西式服装结构出现在服装中。同时针织形式的服装逐渐出现在童装中，其目的为使儿童便于行动而不阻碍发育，以求达到轻巧柔软、经济合算的童装制衣目的[212]。越来越多的运用绒线进行制作童装的方法在近代期刊中相继刊登。例如，1941年、1942年近代期刊《时装专刊：秋萍毛线刺绣编织法》[213]与《杂志》[214]以专版刊登了绒线编结艺术家冯秋萍女士关于新式童装的编织刺绣与抽丝打褶的编结方法。

图3-22　夏季儿童装束[210]

图3-23　西式童装[211]

| 第三节 |

近代江南婚育配件形制

近代江南婚育配件形制主要对首服、足衣与典型性配件作以下论述。

一、近代江南婚育相关首服

（一）女性典型性首服

首服即指一切裹首之物。清代汉族女性结婚首服多用凤冠或罩以红色绣花方巾。如图3-24所示为镇江博物馆收藏的江苏句容黄梅清代墓出土的凤冠。凤冠材质质为银质并通体镀金。冠框用镀金薄片制成，冠体以四龙七凤作为装饰，凤嘴衔串串流苏，缠枝牡丹对绕其间。凤冠顶部点缀两名手持笏板的朝官及"奉天诰命"四字，表明了凤冠拥有者朝廷命妇的身份及殊荣。

随着新式婚礼的倡导，女性首服已不再局限于凤冠。根据对近代期刊的统计与对史实图片的观察，婚礼中首服形式逐渐多样，包含兜勒、珠花、珠带、花环、花冠、珠冠、帽子、头纱、发带、凤冠、鬓花、花朵、头巾、羽毛、头籀、发夹等。最为典型性的搭配形式为头冠与头纱的组合。头冠主要包含中式的凤冠与西式的头冠，而头纱通常表现为一种不可或缺的婚礼配饰形式游走于中式、西式婚服风格搭配中。在中式凤冠方面，多在传统凤冠的基础上延伸出多种简化或创新形式。如图3-25所示，依次为珠冠与花冠。珠冠在凤冠的基础上体积缩小，主要以珠子进行流苏式的装饰。花冠较之前者更为简化，花冠前有盘长纹样，冠上部装饰花朵，鬓角佩戴

图3-24　凤冠（镇江博物馆收藏）

绢花。还有一种搭配方式为中式凤冠与西式头纱的搭配形式。如图3-26所示，头纱以绣球扎结的方式在头顶形成上簇式的造型罩在凤冠的外面，同时头纱也显得略为厚重。

（a）珠冠　　（b）花冠（北京服装学院收藏）

图3-25　珠冠与花冠[139]

图3-26　上簇式凤冠与头纱造型[215]

在西式头冠方面，如图3-27（a）所示，为20世纪20年代影星吴素馨头戴西式珠冠与头纱搭配的造型。此种形式在20年代中后期较为流行。如图3-27（b）所示，为1928年国民党政要刘纪文与妻子许淑珍于南京结婚时的照片，图中新娘的首服也是选用类似造型形式。如图3-28所示，为1944年一对新人于上海王开照相馆的结婚合影。这种头饰风格在20世纪40年代较为常见，多呈现为一种后置的扇形头饰形式。

（a）吴素馨照片　　（b）刘纪文与许淑珍结婚照片

图3-27　西式头冠[216-217]

图3-28　钱竹如与袁紫云结婚照片（北京服装学院收藏）

在西式头纱方面，造型形式通常与西方婚服流行趋势一致，头纱的材质大多为舶来品，例如，白银细格闪纱、银条方格闪纱等。在头纱式样中一种名为"朱丽叶式头纱"曾广泛流行于20世纪20年代后期到20世纪30年代前期。如

图3-29所示,"朱丽叶式头纱"其造型为头纱围在发际并用银线或花朵织成的帽固定,头纱包住头顶与遮盖额头,整体造型简洁素雅,据说宋美龄结婚时也采用这种头纱形式。

随后至20世纪30年代后期,西式婚纱样式更为多样化。1937年《家庭》杂志刊登了由鸿翔公司设计的女性婚服头纱设计。如图3-30所示,从左至右依次为衡型式、流线式、云映式与围浪式。衡型式为好莱坞流行式样,是由一电影时装设计专家设计,头纱背部将纱折成两层花状,直拖至脚跟,两端镶成有银光花边;流线式为美国纽约最流行式样,材料采用英国出品的银条方格闪纱,其美点即在银格方型能闪出光亮,而其所镶的银花下部褶成波浪式,极其美观;云映式为法国里昂最新式样,其美点在后面的堆褶及两旁的绢花部分,用时需两个以上儿童提纱;围浪式为法国巴黎流行式样,材料用白银细格闪纱做成,以上流阶级使用最多,用时需4个以上儿童提纱,在教堂或宽大礼堂更显美观,电影明星胡蝶结婚时采用的即为围浪式头纱形式[218]。

图3-29 朱丽叶式头纱(北京服装学院收藏)

(a)衡型式　(b)流线式　(c)云映式　(d)围浪式

图3-30 新娘头纱样式[218]

(二)儿童首服

儿童首服主要以童帽为主。童帽结构一般由帽顶、帽身和披肩三部分构成,

由于组合形式的不同大致分为帽圈、齐耳帽和风帽三种[219]。在江南大学汉族民间服饰传习馆收藏的江南传世童帽中,江南童帽主要以齐耳帽、帽圈居多,风帽较少。

齐耳帽总体形制为帽顶和帽身相连,帽子后部没有披风垂下,在造型上以动物造型居多,如虎头帽、狗头帽等,将猛兽的造型融入童帽中也具有护生意义,以祈愿幼童健康成长。如图3-31(a)所示为虎头造型的齐耳帽,如图3-31(b)所示为杭州头戴狗头齐耳帽的孩童。帽圈是指既没有帽顶也没有披肩的圆环状头饰,这种帽子结构简单,装饰效果很强,通常在帽子的前部装饰丰富的立体图案或者刺绣,显得俏皮可爱。如图3-32所示为立体造型的儿童帽圈,集双重物象于一体,表现在帽圈上部酱紫色布面造型既像动物耳朵也像树叶的形状,垂悬的细绳具有收紧头围的功能,既有贴合头围也有延长穿戴年龄的功用。

(a)虎头帽(江南大学汉族民间服饰传习馆收藏)　(b)狗头帽

图3-31　儿童齐耳帽[220]

图3-32　儿童帽圈(江南大学汉族民间服饰传习馆收藏)

还有一种绣花童帽,在刺绣上更为精美,在造型上更为立体多样。如图3-33所示,为公子帽造型的民国绣花童帽。清代、民国时期各式儿童绣花帽是为未举行成人礼的儿童制作，举行成人礼后，男子佩戴冠，女子插笄，便不再使用童帽[221]。

从上述的童帽可看出传统形制的童帽在造型、形制与色彩上均丰富多样，反映出对儿童的护生、育生心态，同时集保健护体、装饰美化、礼仪教育等多重功能于一体。

（a）正面　　　　　　　　　　（b）背面

图3-33　民国绣花童帽（中国丝绸博物馆收藏）

至民国中后期，西式造型逐渐成为童帽流行款式。童帽的选择逐渐多样化但造型形式逐渐简化，质地主要为棉、毛毡、条绒等。如图3-34所示为毛毡与条绒质地的西式造型童帽。如图3-35所示为1934年上海《华洋月报》刊登陈鑫记针织厂出品新式童帽的广告[230]，其中就刊登了童帽样式，如瓜轮花球童帽、双球童帽、点子童帽、格丝提花童帽、拉绒童帽、双层提花童帽、水浪直条童帽、双层点子童帽、花点童帽与大球拉绒童帽。

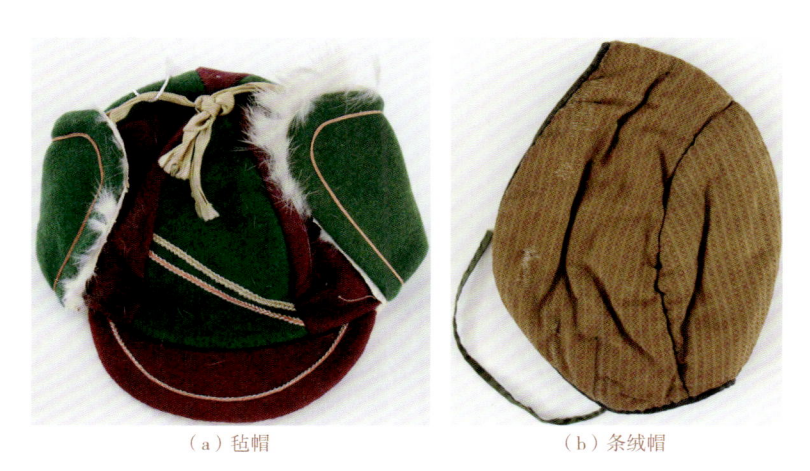

（a）毡帽　　　　　　　　　　（b）条绒帽

图3-34　西式造型童帽（江南大学汉族民间服饰传习馆收藏）

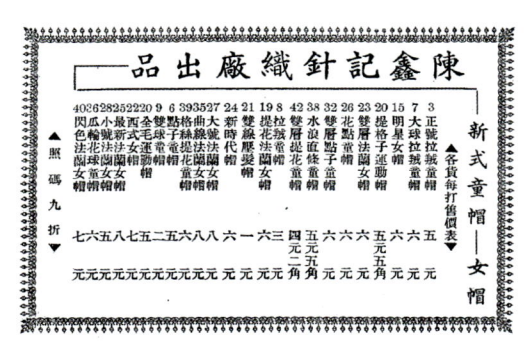

图3-35　新式童帽广告[222]

二、近代江南婚育相关足衣

（一）女性婚礼足衣

足衣，自汉代开始，则有内外之分。足之内衣为袜，足之外衣指鞋。江南女性婚礼足衣主要包含鞋履与袜子。女性鞋履从质地上大致可分为布鞋与皮鞋两种；女性袜子从质地上大致可分为棉袜与丝袜两种。布鞋主要有弓鞋、传统绣花粗布鞋、绣花软缎布鞋、皮底丝缎平底布鞋与皮底丝缎高跟布鞋。由于放足运动的开展，相当一部分妇女已不再穿用缠足的弓鞋，但弓鞋的精美绣花技艺被保留了下来。绣鞋与弓鞋的显著变化之处在尺码的放大及鞋型由尖变圆，尤其是在鞋头部分，绣鞋比较宽而圆。绣鞋的鞋底一般采用平底，但鞋帮上的刺绣与弓鞋一样精致，也依然作为女红自己制作。在城市中也有用皮底代替了布底的绣鞋，还出现了没有后帮的绣花拖鞋[193]。如图3-36所示为梅红缎地绣孔雀皮底绣花鞋，布面缎质地，绣有孔雀图案，鞋底为皮质鞋底。

如图3-37所示，为丝缎高跟布鞋，在鞋面与鞋身处绣有植物纹样。在婚鞋的色彩搭配中，1939年近代期

图3-36　缎地绣孔雀皮底女鞋
（苏州丝绸博物馆收藏）

图3-37　丝缎高跟布鞋
（苏州博物馆收藏）

刊《新新画报》刊登相关搭配形式：结婚鞋子应选择同婚装色彩调和的皮鞋或缎鞋[223]。

皮鞋主要以高跟皮鞋为主。20世纪20年代左右，高跟鞋最开始在上海流行，并逐渐流行于全国。1919年《申报》上刊登了一个新开店铺"女色部"的广告曰："妇女应用物品一概俱全、精致时式，女鞋多至二三百种，惠顾女鞋，随赠真丝袜"[65]。20世纪30年代的妇女杂志《玲珑》用了整整一版篇幅介绍妇女们的鞋子，以至于有人称："迄乎易帜之后，时习之风大盛，往往一女子在数年中判若两人矣。故今日之都市妇女，设非登高跟之履，莫不引为时代之落伍者"。作为新兴事物，在当时高跟鞋的拥趸者极多，赞扬之声随处可闻："夏令穿高跟鞋，有翩翩临风之态，于形式上自称美观，鞋跟高耸，行路时有婀娜之姿态，仿佛风摆杨柳，以取男子之爱怜"[94]。

高跟鞋的款式多采用镂空、拼接形式。例如，鞋面镂空辅以棕色皮条作为边缘装饰；淡青色鞋面进行镂空设计，边饰用极细黑色皮料进行装饰；绛红色皮面镂空花纹；白皮鞋面为基底，上部用黑色皮料镂空进行装饰[224]。如图3-38所示为穿着镂空高跟鞋的新娘形象与类似流行鞋款的对比。

（a）画报中的镂空高跟鞋 　　（b）穿着镂空高跟鞋的新娘形象1 　　（c）穿着镂空高跟鞋的新娘形象2

图3-38　西式婚鞋[224-226]

至于女袜，民国初年，西方女性所穿着的丝袜在上海女性中开始流行。众多在近代期刊画报上所刊登的袜子类广告足以说明女袜种类的丰富。例如，在

《华洋月报》[227]上刊登的上海纶丰织造厂虎头牌女袜广告中，女袜样式丰富，有8种形式包含长筒女丝袜、蓝口长筒女丝袜、蓝口长筒夹底麻纱女袜、蓝口双线女袜、蓝口女线袜、新花反口条子袜、平口条子袜、蓝口小方跳舞跟女丝袜。最初穿着丝袜"是一种大胆而富有诱惑性的打扮"。清末诗人吴昆田在《漱六山房全集》中曾经这样描述丝袜的流行过程："始而不过是堂子里的妓女和富家妇女用丝袜；后来中人之家的妇女也穿起丝袜来，各种各样的颜色，五光十色，耀眼缤纷。再到后来，索性男子也着起各种各样的丝袜来。更有那班女工以及娘姨大姐，脚上也都要着一双丝袜，觉得脸上生光"[228]。相比平常丝袜种类颜色的丰富多样，与女性婚服所搭配的丝袜相对保守多以白色或肤色为主。

（二）儿童足衣

儿童足衣质地与女性足衣类似，从质地上来说大致可分为布鞋与皮鞋两种。布鞋主要包含虎头鞋、龙头鞋与绣花布鞋，是民间婴童常穿的一种鞋子。虎头鞋、龙头鞋以虎、龙为造型的形式，具有驱邪的祈福护生心理。这些兽都是在民间被认为是生命力很强的动物，小孩子穿上这种鞋，就能带来力量和平安[229]。绣花布鞋常绣以花草植物等祥瑞图案，如图3-39所示为儿童绣花布鞋。整体风格素雅大方，鞋面绣以祥瑞花草，在鞋跟处绣以如意与铜钱的图案，同时后跟处的带子具有固定裤脚及穿着时防止脱落等实用功能。

图3-39　儿童绣花布鞋（苏州民俗博物馆收藏）

在皮鞋方面，主要为西式平底皮鞋，其式样发展与今日差别不大。婚礼仪式中的儿童装扮，通常为儿童足登西式款式的儿童搭扣平底皮鞋，并配以白色短袜。

三、近代江南婚育相关典型性配件

江南婚育典型性配件包含发禄袋、油面揭、钱褡、寄名袋、包领大与通书袋等，发禄袋、油面揭、钱褡作为婚嫁品时通常是成对出现。同时，婚育典型性配件与女性婚嫁陪嫁品密切相关，在女性婚嫁陪嫁品中，不仅包含女性用的织绣，还包含儿童用品、丧事的寿衣以及宗教用品等。

（一）发禄袋

发禄袋是江南女性婚嫁陪嫁品中的重要组成部分，源于织绣类的装饰品，并且在清代和民国时期应用广泛。发禄袋又叫"利市袋"。宋代古籍《梦粱录》称它为"百事吉"。根据江南嫁妆目录"妆奁簿"中对发禄袋的记载，其表现形式多样，主要有"绣花发禄千年""聚宝盈盆发禄""彩绣登科发禄""锦绣发禄千秋"等[230-231]。

发禄袋作为一种礼仪的文化象征，常运用于婚嫁、寿诞与诞生礼仪，以示喜庆、表达祝福吉祥寓意。在婚嫁时，发禄袋常成对悬挂于结婚的大床上。通常在床中间挂一个大的，床边上挂很多小的发禄袋，预祝来年福禄发。发禄袋的制作材料包含丝绸、棉布与铜。用铜鎏金做的发禄袋，称为铜发禄，上面的图案一般都是和合二仙（民间爱神），还有龙凤呈祥。几乎所有布质的发禄袋上都缀有数量不等的各种颜色的流苏，装点得更加华美丰富。

在结婚喜庆场合，常用寓意多子多福、福寿双全寓意的发禄袋。如图3-40所示为三多纹发禄袋与福寿双全发禄袋。三多纹发禄袋图案以佛手、寿桃、石榴、蝙蝠组成典型的三多纹样，寓意多福多寿多子。福寿双全发禄袋由如意头、寿桃和粽子组合而成，多应用于婚嫁与寿诞场合。如图3-41所示为贵富耄耋发禄袋，这种形式的发禄袋通常挂在喜床的正中间，并且袋里还会存放香料。

（a）三多纹发禄袋　　（b）福寿双全发禄袋　　图3-41　贵富耄耋发禄袋
图3-40　发禄袋（苏州民俗博物馆收藏）　　（中国丝绸博物馆收藏）

(二) 油面揿

油面揿是女子的化妆用品，亦称作"粉匾"或"油垫儿"。作为女子婚嫁的陪嫁品时，油面揿多是成双的，取其好事成双的吉祥寓意。古代妇女梳妆打扮的涂抹之物主要是粉和油。同时，油包含两种，一种为面油，搽抹于面部等肌肤之上；另一种为头油，即用于装扮头发。油面揿的功用相当于今天的粉扑，作为涂抹面部与头发的承接之物。通常油面揿用绸或布制成，图案简洁却题材多样，包含植物、符号、动物以及人物等题材。其中，植物题材主要为缠枝花和三多纹样；符号题材主要为"福""寿"等吉祥文字以及几何纹样；动物题材主要包含蝴蝶、蝙蝠、蟋蟀和龙等；人物题材主要为喜神和合二仙的图案。如图3-42所示为万年青如意油面揿。

图3-42 万年青如意油面揿（苏州民俗博物馆收藏）

(三) 钱褡

钱褡俗称"钱包"或是"腰包"，是褡裢的一种，多为女子结婚时的陪嫁物品。专门用于存放银票、铜钱等贵重财物，造型多为长方体，两端为口袋，中间开口并用宽布相连；但体量不大，多数长20cm左右，宽10cm左右，以便于携带，但实际上已经失去原来的使用功能成为纯粹的装饰品。一般多悬挂于腰带之上。基本上都以绸布为原料制成。由于是随身之物，大多做得精巧细致，正面多绣有花鸟鱼虫、福禄寿喜、诗词警语和博古等吉祥民俗图案。钱褡盛行于清代，现在看到的实物多是清晚期和民国时期的。一般钱褡上的图案构图相对比较简单，主要反映的是世俗追求财富的心理。江南的钱褡在刺绣的图案上却是精彩纷呈，不但图案的选择多种多样，有常见的花鸟鱼虫和福禄寿喜等吉祥民俗图案，还有采用吴门画派手法的绘画图案，这在其他地方的钱褡上很少见。这一方面是因为在江南以苏绣为主的刺绣历史上一直就有文人、画家和画师参与创作；另一方面也说明民间各种技艺是相互借鉴的，呈现出多元繁荣、整体提高的局面。当然，钱褡在清代作为生活用品的实用储纳功能逐步演化为服装的装饰功用。如图3-43所示为福寿双全钱褡，字体结构中纳入蟠桃、牡丹、菊花等吉祥花果，形意双全。

图3-43 福寿双全钱褡（苏州民俗博物馆收藏）

（四）寄名袋与包领大

寄名袋与包领大是专用于寄名风俗中的物化形式，并以苏州为核心盛行区域，同时在无锡、苏州、杭州等地都曾留下痕迹。主要是祈求小孩免遭夭折，也有为求儿女双全或两家为了加强彼此之间的关系与情感。《无锡市志》记载："旧时孩子生下后还有寄名风俗。找寄爷寄娘一定要找生肖相合和多子女的人"[164]。杭州承寄干儿子、干女儿，干爷干娘送礼，以包袱、肚兜二物为重，其余衣帽鞋袜等项，若云取名压帖，此中丰啬不等[232]。寄名袋，又称过寄袋，将孩子寄名子女多的人家或寺庙神佛后，生母要将孩儿庚帖和讨口彩物品，诸如7粒米、7片茶叶与万年青叶储于红绸袋内，挂于寄父母家的厅堂高处或寺庙的悬橱上[175]。如图3-44所示，其形制为三角形与长方形相互组合的袋子，高约36cm，宽约25cm。寄名袋顶端系有红绳，红绳上系一枚古钱，袋口与袋面均用苏绣绘以图案。如图3-45所示为包领大，取江南方言谐音"保领大"（"大"与"肚"同音），包含包袱、项领与肚兜三样，具有祈愿孩子顺利长大的寓意，除此之外，还要送衣帽、鞋袜、手镯、银锁等首饰。

（a）寄名袋指日高升（苏州民俗博物馆收藏） 　　（b）寄名袋鲤鱼跳龙门（苏州博物馆收藏）

图3-44 寄名袋

（五）通书袋

通书袋为六角形绣花布袋，两面刺绣花纹，大多为蝴蝶花、芙蓉花和牡丹花（图3-46）。袋里放婴孩的生辰八字和年历本。通书袋既有祖传的，也有新做的，有的好婆（即祖母或外祖母）在孙子或外孙尚未出世就为其绣制好"通书袋"。吴县等地婴儿身上佩挂"通书袋"为六角形绣花或花布袋，袋里放婴儿的生辰八字和年历可以避邪秽。

图3-45　包领大（苏州民俗博物馆收藏）　　图3-46　通书袋（江南大学汉族民间服饰传习馆收藏）

第四节
近代江南婚育服饰基本着装特征

随着江南城镇化的突起，城市与乡村在婚育服装形式上既出现了分化，也呈现了融合。分化来源于城市对外来文化的高接受度使得传统服饰形制发生风格的变化；农村地区既相对完整保留并沿用了传统婚育服饰形式，也体现了与城市的趋同，呈现出城乡的差异化与求同化特征。

一、乡村婚育服装着装特征

在乡村地区，女性婚服与儿童服装在形制中大多保留传统服饰形制。但大多数主要集中在传统婚礼形式与穿着传统婚服形式。据记载：扬州僻静乡间，仍流行旧式婚姻。新嫁娘以红花两朵，揩抹两眼后[233]；又如常熟旧式婚制，女子挽髻，穿大红锦衣，红裤、红裙、头戴凤冠[234]；镇江乡间谈媒聘礼与城市无甚差别，新娘起床梳洗，头戴凤冠，身着大红绣衣，足登大红绣履[235]；著名报人、小说家包天笑老先生在其婚礼时仍采用传统婚礼形式，"依照古礼"进行迎娶。新娘的装扮为："满头插戴珠翠，且罩以方巾。拜堂既毕，把红绿牵巾，系在新郎新娘手上，新郎倒行，新娘顺行，脚下踏以麻袋（此种麻袋，都向米店中去借来），名之曰'传代'。以后便是新娘至后房易服，卸去凤冠霞帔的大礼服，而穿上红袄绣裙的次礼服"[141]。在水乡婚礼着装方面，用直新娘头戴珠冠，身穿粉红色、绣有凤穿牡丹纹样的绸制嫁衣，脚穿"玉堂富贵"纹样的绣花鞋[236]。

同时，笔者在对胜浦马觐伯老师的口述访谈中记录：胜浦新娘婚服在改革开放以前都较为固定，结婚时穿的衣服称为"花衣花裙"，与平时穿的水乡服饰不同。"花衣花裙"分为两种情况：一种是连花轿一起租来的（租花轿的时候提供租衣服）；另一种是自己做的丝绸棉袄，在腰间系一条红绸带。丝绸棉袄一般是红的，也看到过绿的，贫穷人家买不起丝绸就用棉布代替。至于下装没有特别的讲究。结婚发饰梳髻头插花钗，讲究点的还要配上玉簪和银链条，不加包头。另外，还要戴上一抹色（黑色、褐色、白色）的"采桑兜"（兜勒/眉勒）与红色方巾盖头。结婚时要准备三双绣花鞋：第一双为在娘家穿的鞋（不能穿出去，不然会把娘家的财气、东西带走）；第二双为男方家准备的"踏蒸鞋"。"踏蒸"为新娘临出门前的习俗，在一盘米糕上倒扣一个蒸笼，新娘在蒸笼上由母亲帮忙换上新鞋，然后由兄长抱出门或抱上轿，脚是不能沾地的。第三双为男方家准备行结婚礼仪时穿的"礼仪鞋"。这些绣花鞋的图案包含"福寿齐眉""玉堂富贵""凤穿牡丹"等。

在新式婚礼方面，农村也有采取集团结婚的形式（集体结婚）。乡村的集团结婚基于城市集团结婚形式的推广，其目的为避免结婚形式的奢靡浪费，因此进行结婚制度的改良。1935年近代期刊《玲珑》刊登"上海乡村集团结婚"的报道：上海县（今闵行区）闵行民众教育馆筹备乡村集团结婚，证婚人由县长及教育局长担任。供应军乐队以及新郎新娘即证婚人等筵席与一切茶水供应，取费为6元[237]。1937年《妇女生活（上海1935）》刊登"聂村的集团结婚"场景，其中新娘穿着浅色长袖棉布旗袍，左胸佩戴大朵绢花[238]。

在幼童服装方面，服装形制多集中在上衣下裤、旗袍与长袍马褂的搭配形式。如图3-47所示为法商宝多洋行广告画中的满月图。图中在给孩童进行满月剃头礼，孩童的着装为上衣下裤的形式，足登绣花布鞋。在儿童配饰方面，通常佩戴童帽、通书袋，穿着虎头、龙头童鞋等，在小孩周岁时，外婆家必送银质的儿童帽饰作为礼物。

图3-47 满月图[239]

根据马觐伯老师的口述，在胜浦水乡，小孩出生时穿毛衫和抱裙，毛衫是一种用绒布制成的侧面系带的连体衣；抱裙是一块多边形的包裹婴儿的布，上方呈三角形，下部的两边布面交叠进行包裹。在13岁以前，男孩女孩的着装风格和水乡妇女服装风格、款式没有区别。女孩13岁以前的帽子叫"挖辫帽"，是一种同心圆形状的帽子，没有帽顶，女孩的辫子从中间的圆圈掏出，形式也以拼接为主。女孩13岁以后行成人礼，由帽子改为水乡的"包头"；男孩没有什么讲究，没有什么特定的帽子。在端午的时候，小孩额头上会点"仁黄"，一种黄色的点儿点在额头，也会穿虎头鞋、虎头帽、五毒衣等。

二、城镇婚育服装着装特征

在城镇地区，多采用新式婚礼，服装风格主要包含中式、西式与中西合璧的服饰形式。在中式婚服方面，一方面，延续传统上衣下裙形式的袄、褂与马面裙、套裙的搭配；另一方面，连体式样的旗袍逐渐成为女性婚服的新宠。首服多为兜勒（眉勒）、珠花、鬓花以及凤冠与西式头纱的搭配，服装配件中多搭配皮底软缎鞋、高跟皮鞋与高跟丝缎绣花鞋，同时手捧花成为必备配件应用在婚服整体造型中。在南京首届集体婚礼中，新娘便是穿着粉红色长袍、洁白头纱与手捧花的搭配形式。在西式风格中，主要为婚纱或西式连衣裙。首饰通常追随国外流行婚服头饰式样，服装配件为手捧花与皮质高跟鞋。新娘通常穿白软缎礼服长裙，头戴珠冠花环，披有4m的罩纱，戴白手套，执手花，长青草垂地。

在幼童服饰与诞生礼仪服饰中，在保留并沿用传统形制的同时，逐渐融入西式元素与服装形制。如图3-48所示为1934年4月4日，在上海江湾市政府中心（江湾市民中心）举行上海第四届儿童节上儿童着装场景。图中城镇儿童着装多为中式袄衫与西式配件或针织服装的搭配，形成中式、西式以及中西式服饰风格混搭的组合形式，在整体造型中趋于简洁，并以搭配西式配件为尚。

图3-48　城镇儿童装扮[240]

| 第五节 |

本章小结

本章主要探讨了近代江南婚育服饰种类、服饰形制、涉及配件形式以及城乡着装特征。主要结论如下。

（1）从整体服饰面貌来看，近代江南婚育服饰的发展体现出满汉民族服饰文化的交融与中西服饰文化的交融。从民族服饰间的融合到西方元素在服饰中的融入，再到西式风格的服饰形制的着装选择，近代江南婚育服饰呈现出民族之间、本土文化与外来文化之间的趋同、融合、改良、西化的多元化服饰面貌。

（2）从服饰形制来看，近代江南婚育服饰呈现出多组合、多样化、多风格的服饰形式，潮流化与商品化的发展趋势。在婚育服饰风格中呈现出中式、西式与中西式风格。服装廓型逐渐由平直向合体发展，服装结构、装饰也逐渐简化。女性婚服不再局限于特定形式，服装搭配自由度提升；儿童服饰跟随成人服饰流行元素，同时又更加注重健康性、轻巧性、实用性与经济性。

（3）城市与农村着装风格体现出城乡的差异化与求同化特征。差异化体现在婚育习俗中乡村多沿用传统习俗，相对而言服装形式更为简单，服装配饰种类多样。水乡较为稳定地保留了婚育服饰的服装特色。城镇婚育服饰的着装形式更为多样，在配件形式上相对简单并逐渐呈现西化状态。求同化体现在服饰的新形式也逐渐影响至乡村，乡村也逐渐实行新式婚礼，穿着与城镇中流行的婚服式样相同。而城镇在育俗与育服中也保留并沿用了传统形制。

（4）以江南婚育相关配件为类别的服饰品仍延续并保留传统形式，在图案、元素的应用中少部分呈现出外来元素，受外来文化影响不大。江南具有典型性特色的婚俗配件包含发禄袋、油面搨、钱褡等，作为婚嫁品时通常是成对出现的；具有典型性特色的育俗配件包含寄名袋、包领大与通书袋等。

第四章

近代江南婚育服饰
材料图案与工艺

本章在前章的基础上阐述了近代江南婚育服饰体系中的服饰材料、图案与工艺。在服装材质的研究方面，通过实地调研李品德老师所收藏的杭州织绸厂面料概况说明书，结合史实材料与学术论著，针对近代江南婚育服饰中所涉及的面料、辅料等内容作进一步厘清与归纳。在图案与工艺方面，结合传世服饰实物、服饰品以及近代图片资料，对图案特征、题材以及代表性的工艺手法进行归纳与分析。

明清时期，手工纺织进入全盛时期，江南逐渐成为全国纺织业的特色地区。嘉兴、湖州的丝绸织花技术水平高超，金华和镇江成为罗的主要产地，杭州、盛泽、嘉兴濮院生产的纺绸畅销海内外，松江成为棉布织造业的中心等。特别是丝织品种类繁多，面料质地从轻薄到厚实，织物组织类型丰富包含平素织物、绞经织物、提花织物、绒织物等。

宋代南方丝织业迅猛发展，纺织品呈现艺术化与大众化两大发展方向[193]。传统手工织造的绸、缎、罗、纱、绢、绫、锦、绒类面料在江南大放异彩，每年此地区进贡、销往海内外的丝织品不计其数。晚清至民国初期，随着中国近代纺织工业的初创与成长，动力机器的发展与应用，以及新技术的融入与大量纺织原材料和染料的进口，使得纺织面料品种和花色更加绚丽多彩。新式绸缎、西方新型面料以及蕾丝、花边的呈现，为女性服饰的制作和花样的翻新提供了有利的条件。同时，上海凭借通商口岸的特殊地理位置和充足的电力供应，以电力为动力的近代丝织厂林立而起，上海丝织业在20世纪20—30年代得到空前发展，其机器化生产的规模和速度超过了南京、苏州和杭州等传统丝绸产区，成为全国机器丝织业的生产中心。

在图案方面，清代丝绸纹样在构图布局、造型设计、润色方法等形式上都继承和吸收了明代丝绸纹样的精髓，只是相较于明代丝绸纹样的粗放风格，显得更细腻秀丽，纹样更自由化和大型化，纹样题材继续流行反映中国传统儒家文化和思想的吉祥图案，也出现了受外来风格影响的图案[193]。随后至民国，图案逐融入新式元素与西式元素，逐渐由具象图案向抽象图案转变，图案的表现方式逐渐追求经济、实用、便利、科学，装饰精细度逐渐降低。

| 第一节 |
近代江南婚育服饰材料

在整体面料形式中，近代江南婚育服饰材料呈现出传统手工面料与近代机织面料并行的状态。面料类型以棉织物、丝织物为主，并逐渐由手工土布向机织物发展。丝织物中，用手工制的土丝在手工织机上织造的绸缎，俗称土绸；运用动力织机织造的绸缎，俗称洋绸。虽然丝织物中逐渐融入新式面料，但传统手工丝织物仍延续传统的工艺与占有一定的市场份额。棉织物中，手工织造的俗称土布；运用动力织机织造的俗称洋布。同时，还包含介于上述两者之间的改良土布和仿机制布，是用机纺纱在改良手工织机上织造而成的。

机制棉织物的种类、花色繁多，早期大多是仿制销路好的进口品种，其品名亦多为外文的音译或冠以"洋"字，以示与国产传统商品的区别。用动力织机织造的新式绸缎是在传统丝绸工艺的基础上，汲取近代科学技术而发展起来的。新式绸缎的种类名目繁多，其命名方法没有科学分类和系统化，大多在丝织物类名上冠以国名、地名、厂号或电机、铁机等，如印度绸、巴黎缎、美亚缎、电机湖绉、铁机缎等。新式绸缎出现后，发展迅速并逐渐取代了一些土绸，出现了厂丝代替土丝、人造丝与丝棉的交织、动力织机与并捻机的使用的新方法以及借鉴国外产品的材质，例如华丝葛、塔夫绸等。以上可看出，近代江南婚育服饰材质逐渐融入并注重科学技术对传统服饰材质的改良，逐渐呈现出西化特征。

一、近代江南服饰材料

通过对近代江南婚育服饰传世品实物分析，江南婚育服饰材质服装面料品种多样，以丝质面料居多，其余还包含棉、麻、绒线与化纤等材料。同时，丝绸面料种类的丰富性也可以根据收藏家李品德老师收藏的杭州织绸厂面料概况说明书中得到印证。如表4-1所示，丝绸面料种类多样，包含传统类别与新式类别面料。面料总体以传统类别居多，但新式面料的价格高于传统面料，同时库缎类、铁机缎与丝绒类的价格普遍高于其他丝质面料。传统面料包含纺绸类、素罗类、直罗类、官纱类、实地纱类、亮地纱类、华丝葛类、香春米银纱类、湖绉类、线春类、宁绸类、绢缎类、云霞缎类、绮霞缎类、铁机锻库缎类、铁机锻类与丝绒类；新式面料包含新机纱类、铁机缎类、华丝葛类。同时，传统面料的生产中也融入了以机制生产的面料。在面料品质中按照面料档次分为杂牌、正牌、本织、特织，因此在价格中特织价格最高，其次依次为本织、正牌与杂牌；面料价格规格分为副号、正号与特号三种规格，其中特号＞正号＞副号。因此在表4-1列举中，分别取面料品种与标价的中间价格，即面料品种以正牌、本织为主，面料价格以正号价目规格为主。

表4-1　面料类别明细（李品德藏杭州织绸厂面料说明书）

面料类别	面料明细	幅宽	价格（每尺洋）
纺绸类	白盛纺	一尺五寸	三角七分
	白柳条爱国纺		三角三分
	各色时花文明纺		三角九分
	各色时花缎条纺		四角四分
	白四九板纺	一尺六寸	五角六分
	白杭印纺		六角四分
	雪青纺绸		六角八分
	白杭纺绸	二尺一寸	九角四分
	雪青杭纺绸		一元四分
素罗类	白杭衣素罗	一尺六寸	七角四分
	白杭十五印丝重素罗		七角八分
	雪青素罗		八角四分
	杭印十五丝重素罗	二尺	一元
	雪青杭印十五丝重素罗		一元二角
	白十五丝重素罗	二尺二寸	一元一角
	雪青杭印十五丝重素罗	二尺二寸	一元三角四分
直罗类	白熟直丝香云罗	一尺九寸	七角四分
	白生直丝香云罗	二尺	七角六分
	各色花素华丝直罗		一元四分

续表

面料类别	面料明细	幅宽	价格（每尺洋）
官纱类	各色素官纱	二尺三寸	六角四分
	各色绒纡杭素官纱	二尺三寸	七角
	白色时花蝉翼纱（花官纱）	二尺二寸	六角六分
	各色铁机时花官纱	二尺	八角四分
实地纱类	各色时花铁机实地纱	二尺	八角
	各色时花绒纡铁机实地纱		一元八分
	各色时花木机实地纱	二尺二寸	九角六分
亮地纱类	元青芝地时花与纱	一尺二寸	二角八分
	元青时花铁机亮地缎花纱	二尺	八角四分
	元青铁机时花芝麻纱		八角
	元青杭花素芝麻纱；元青花素亮纱	二尺二寸	八角八分
新机纱类	各色铁机时花彩霞纱；各色铁机彩霞芝麻纱；各色彩条新机纱	二尺	一元
	各色铁机彩霞亮纱		九角八分
	各色时花生纡彩云纱		八角四分
	各色彩条纯绒新机纱		一元二角
	各色时花华丝纱		一元一角六
华丝葛类	各色时花华丝葛	二尺	八角
香春米银纱类	各色银罗纱	一尺五寸	五角六分
	各色米通纱		四角八分
	白时花熟香云纱	一尺九寸；二尺一寸	七角四分；一元四分
	白时花生香云纱	二尺	九角八分
	红黑两色香云拷纱	二尺二寸	八角六分
	白时花杭春纱		一元二角
	红黑两色香云拷纱	一尺七寸	七角五分
湖绉类	各色汴梁/山东湖绉	一尺四寸半	四角二分
	各色丹阳湖绉		六角五分
	各色时花正真湖绉		七角
	各色时花正真铁机湖绉	二尺一寸	一元八分
线春类	各色时花线春	二尺二寸	一元
宁绸类	各色花素宁绸	二尺二寸	一元一角二分
绢缎类	各色铁机双头闪彩花电光绢缎	二尺	九角二分
	各色铁机绒纡最时电光绢缎		一元一角

续表

面料类别	面料明细	幅宽	价格（每尺洋）
云霞缎类	各色时花铁机云霞缎	二尺	六角八分
	各色闪色云霞缎		七角六分
绮霞缎类	各色时花绮霞缎	二尺	一元四分
库缎类	各色花素杭库缎	二尺二寸	一元一角六
	各色满地时花杭库缎		一元三角六
	元青京素贡缎	二尺八寸；三尺二寸	一元五角；一元八角八
铁机缎	各色时花丝纺铁机缎	二尺；二尺二寸	一元一角二；一元三角六
	各色时花绒纺铁机缎		一元五角二；二元一角
	各色时花绒纺电光铁机缎	二尺	一元七角六
	各色时花最时全绒电光铁机缎		二元一角
	蓝黑闪色时花铁机缎		一元四角
	各色铁机闪彩花丝枪缎		一元九角八
	各色地闪彩花铁机缎		一元五角六
	各色地闪彩花绒纺铁机缎		一元九角八
丝绒类	各色时花漳缎	一尺六寸	一元一角八
	各色花素漳绒	一尺七寸	二元八分
	东冲/西冲骆驼绒	二尺	二角；五角
	西冲貂皮/金钱豹皮骆驼绒		一元九角；二元七角
	东真细光面/粗长毛骆驼绒	一尺九寸	一元；一元二角
	西真细光面/粗长毛骆驼绒	一尺九寸半	一元四角；一元六角

如表4-2所示，机织面料逐渐成为服装里料的主流面料，格纹等西式纹样也逐渐在服装里料中出现。在服装里料中一般常用洋小纺、洋板绫、洋缎、泰西缎与斜纹马尾缎。板绫、泰西缎等均属于机制缎纹类棉织物，板绫为经面缎纹或经面斜纹的染色、轧光棉织品；泰西缎为八枚经面缎纹棉织物。除此之外，还包含秋罗、轻素小纺、重素小纺、柳条格子布、柳条绒布、各色斜纹布、白绒布、漂白绒布与各色竹布等。领部里料包含金丝绒领里料、海虎绒领里料、冲青种羊领里料，其中领料中以海虎绒领里料价格最高。

表4-2　里料类别明细（李品德藏杭州织绸厂面料概况说明书）

里料明细	幅宽	价格（每尺洋）
各色金丝绒领里料	—	三角五分
各色海虎绒领里料	—	四角
冲青种羊领里料	—	一角八分
各色轻素小纺；各色重素小纺	一尺一寸	五元二分；二角八分
各色秋罗	一尺一寸半	二角六分
柳条格子布	一尺九寸	九分
各色斜纹马尾缎	一尺九寸半	一角六分
各色素洋小纺	二尺	一角二分
各色洋板绫	二尺	二角八分
柳条绒布	二尺	一角六分
各色斜纹布	二尺	一角四分
各色洋缎	二尺一寸	二角六分
各色泰西缎	二尺一寸	三角二分
白绒布	二尺一寸	一角五分
漂白绒布	二尺一寸	一角八分
各色竹布	二尺五寸	一角三分

如表4-3所示，不仅面料材质逐渐丰富，服装制作规格也趋向系统化与产业化。其说明书中记载面料幅宽分为六种规格：分别为一尺一寸（36.66cm）、一尺四寸半（48.32cm）、一尺六寸（53.33cm）、一尺九寸（63.33cm）、二尺（66.66cm）、二尺二寸（73.32cm）；里料幅宽为一尺一寸。在制作服装时常采用的规格为五种：一尺四寸半规格常用于制作女士单衫、夹袄；一尺六寸与一尺九寸规格常用于制作女士单衣；二尺与二尺二寸规格常用于制作女士单衫、夹袄与两件套裁。

表4-3　面料幅宽尺寸与制作种类（李品德藏杭州织绸厂面料概况说明书）

幅宽	面料类型	服装种类
一尺一寸	里料	—
一尺四寸半	面料	单衫、夹袄
一尺六寸	面料	单衣
一尺九寸	面料	单衣
二尺	面料	单衫、夹袄、两件套裁
二尺二寸	面料	单衫、两件套裁

二、女性婚服服饰材料

在女性婚礼服饰面料方面，根据私人收藏家李品德老师收藏的民国初期杭州丝绸厂的面料概况样本中对女子礼服面料的记载：绣花女礼服分为五彩时花礼服、八团花无潮水礼服与八团花有潮水礼服三种，从实物照片可以看出，礼服形式多集中在八团花有潮水礼服款式。其中八团花有潮水礼服价格最高，也最为隆重。同时杭州丝绸厂所列的价目表以大洋（银圆）作为货币形式。民国时期货币主要包含银圆与法币。1914年北洋政府推出国币条例，确定以银圆为中华民国货币；1935年，国民政府开始发行法币。其间各个省份、军阀，割据政权也发行了自己的货币。按照所列的价目表以大洋（银圆）作为货币形式，可推断此面料价目所反映1914—1935年杭州女性礼服的面料与价格情况，如表4-4所示。

表4-4 女礼服面料价目表（李品德藏杭州织绸厂面料概况说明书）

类别	名称	价格（每条洋）		
		副号	正号	特号
上衣	各色库缎五彩时花礼服	十三元	十四元	十五元
	各色库缎绣八团花无潮水礼服	十四元	十五元	十六元
	各色库缎绣八团花有潮水礼服	十七元	十八元	十九元
下裙	各色库缎绣时花礼裙	十三元二角	十四元二角	十五元二角
	各色库缎马面绣团花带潮水拣小花礼裙	十五元二角	十六元二角	十七元二角
	各色库缎绣九大品级团花带潮水礼裙	十八元二角	十九元二角	二十元二角
	各色库缎绣时花套裙	十一元二角	十二元二角	十三元二角
	各色库缎马面绣团花带潮水拣绣小花套裙	十二元二角	十三元二角	十四元二角
	各色库缎绣品级八团花带潮水套裙	十七元二角	十八元二角	十九元二角

同时依据1929年，浙江省的市、县各工厂工人工资数额调查中显示[241]，以普通工人家庭计算，设定家庭人数为父母子女四人，假定能工作者为男女工各一人。依上述纱厂男女工平均工资计之，二人所入每日为九角六分二厘，每月以二十六日计，总收入为二十五元一分二厘。同时普通工人家庭每月生活必需品最小限度开销约为二十八元，其中包含米九元、菜六元、燃料灯油三元、房租四元、添衣三元与杂费三元。就生活必须费减去此数，每月不足之数为二元九角九分八厘。依照此类标准，女礼服衣裙的价格对于普通工人家庭来说是奢

侈品了，同时也显现出女礼服裙所代表的场合隆重，也更加增强了女礼服衣裙作为女性婚服的可能性。在服装面料方面，以缎类面料为主，同时杭州织绸厂面料概况说明书中礼服的价格均以洋板绫作为里料，以花丝边镶边的价格，若里料改为华丝葛或小纺，花边改为金花边或彩缎花边，则需要另加价钱。由此可看出，在八团红青褂子礼服面料中常用库缎类面料。又由于缎类面料中缎纹组织的交织点少，正面易形成细密平整且光滑的外观，因此在礼服面料的整体观感中呈现出精致、细腻、明亮的特点。其中上衣最为隆重为库缎绣八团花有潮水礼服，下裙最为隆重为库缎绣九大品级团花带潮水礼裙。礼服里料包含洋板绫、华丝葛与小纺等，礼服花边包含花丝边、金花边与彩缎花边等。

因此，在女性上衣下裙形式的婚服面料中包含库缎类面料，上衣最为隆重为库缎绣八团花有潮水礼服，下裙最为隆重为库缎绣九大品级团花带潮水礼裙。婚服里料以机制洋板绫、华丝葛与小纺等为主，婚服花边包含花丝边、金花边与彩缎花边等。

在旗袍婚服面料方面，1931年《橄榄月刊》第九期中小说《结婚照片》中也有对于新娘穿着旗袍结婚的描述：她呢，是穿的玫瑰色的花缎旗袍，如果映在阳光里的话，定会发出闪闪的光亮，头上披着一披淡红色的长纱，长过脚跟，手里捧着一束鲜花[242]。如图4-1所示，根据1935年上海美亚织绸厂结婚礼服衣料样本及价目表来看，女性婚服面料采用齐眉缎，婚纱面料为安琪纱。同时上一章提到农村地区的集团结婚新娘婚服面料也多为棉布质地。

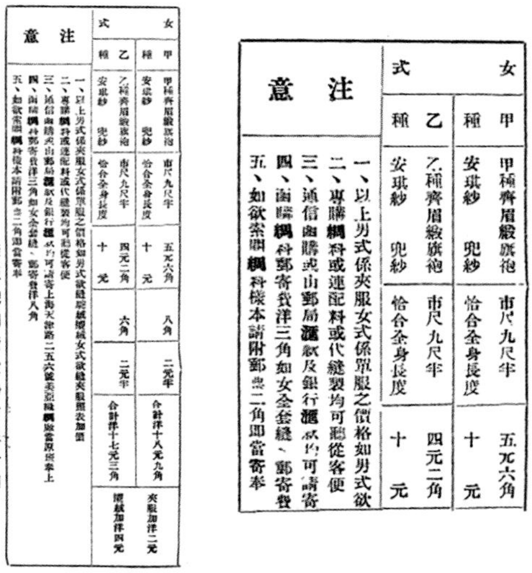
女式
甲種
甲種齊眉緞旗袍
安琪紗 兜紗
市尺九尺半
恰合全身長度
五元六角
十元
乙種
乙種齊眉緞旗袍
安琪紗 兜紗
市尺九尺半
恰合全身長度
四元二角
十元
注意
一、以上男式係夾服女式係單服之價格如男式欲
二、專購綢料或連配料或代縫製均可聽從客便
三、通信函購或由郵局匯款及銀行匯款均可請寄
四、函購綢料郵寄費洋三角如女全套縫、郵寄費
五、如欲索閱綢料樣本請附郵票二角即當寄奉
美亞織綢廠股份有限公司
上海天津路二五六號

图4-1 上海美亚织绸厂结婚礼服衣料样本及价目表[243]

在西式婚服面料中，新娘婚服面料多为软缎。同时西式婚服的面料款式也深受西方婚服流行趋势的影响。1927年《中国电影杂志》刊登了对于美国好莱坞普通嫁衣的款式，其中提到婚服面料为"礼服一袭用白缎绕四周加以银色花边袖仅及肩前"[244]，即白色缎质面料。

综上所述，近代江南女性婚服面料以丝绸面料为主，其中多用缎类面料，如库缎类、铁机缎类、齐眉缎类、宁绸类等，稍次之则选用棉质面料等；头纱选用安琪纱、新机纱类或进口纱等；婚服里料包含洋板绫、华丝葛与小纺等，婚服花边包含花丝边、金花边与彩缎花边等。

三、育服服饰材料

在儿童服装材料方面，通过对江南儿童服饰传世品的实物分析，如表4-5所示，儿童服饰面料中以丝、棉面料为主，其余材质依次为毛料、条绒、草编等。

表4-5　江南儿童服饰实物材质统计

品种	总数/件	材质	数量
袄褂衫	15	丝	12
		棉	3
抱裙	1	丝	1
旗袍	1	丝	1
马甲	3	丝	3
裤	6	棉	2
		丝	2
		毛料	1
		条绒	1
帽	13	棉	3
		毛毡	1
		丝	8
		草编	1
鞋	5	丝	3
		棉	2
通书袋	3	丝	2
		棉	1
围嘴	3	丝	3
寄名袋	1	丝	1
包领大	1	丝	1

在幼童服装面料中除传统丝、棉面料的应用外,至近代毛线(绒线)、机制棉织物、毛织物逐渐运用在儿童服装中。从1861年中国最早的绒线生产厂即上海第一毛纺厂成立到1931—1935年逐渐出现4股粗纺绒线的织造技术,新技术融入面料织造为儿童服饰面料提供了更多的面料选择。在1936年由全国儿童年调查国货儿童用品的目录中显示[245],儿童服装面料包含卡其布、斜纹布、白洋布、哔叽布、府绸与呢料等,同时颜色上包含黄色、白色、黑色、蓝色等。其中卡其布、斜纹布、白洋布、府绸等属于机制棉织物,哔叽布为斜纹类毛织物。此外,还有传统工艺与西式纺织技术相结合出现的新式织物,如鸳鸯绉、罗马锦、克利缎和雁翎绉等利用真丝和人造丝染色性能差异生产的丝织面料,还有以人造丝为原料的丝织品等[246]。机器印花成为普遍的面料加工方法,童装面料装饰越来越接近现代。

第二节

近代江南婚育服饰图案

象征是具体表现于文化的意义模式,也是一个继承传递的用以交往、延续和发展有关人生知识和对人生的态度的概念系统[247]。在服饰图案装饰艺术中不断显现出以一种象征的形式表达对观念、意识的投射。在近代江南婚育服饰图案中也显现出对近代江南女性婚育观的延续与投射。

自宋至明清,纹样是在从叙事型发展向欣赏求吉心理的发展。在纹样题材中的基本特征体现为"图必有意,意必吉祥"[248]。在婚育服饰中,象征着情爱文化、生殖文化的装饰题材广泛的出现于中华各区域的服饰文化中。江南既具有整体社会文化的趋同性,也具有区域的特殊性。

近代江南婚育服饰图案中既体现出近代江南女性婚育观的传统期所显现的妥协性、护生崇文、对自我意识的保留,也体现出转型期对科学性的追求。在江南女性婚育观的传统期所显现的妥协性方面,来源于对自身社会身份的认同与提高,因此为迎合宗族、夫家的要求品位、对女子才情的要求,在图案装饰中都会突出文人审美与才情。诗词字句、区域性特色的植物、书法、建筑、生活空间的事物都会成为江南女性在婚育服饰图案中的灵感来源；在护生崇文方面，主要体现在对服饰图案中象征长寿平安与仕途顺利等寓意的图案的应用；在自我意识的保留方面，通过在图案装饰中借具象的"物"隐晦地表达出对男子的爱慕之情、对爱情的向往、对婚后生活美满的希望；在对科学性的追求方面，在图案表现中增加了具有代表科学的图案，如宇宙、地球仪等。以下分别从婚育服饰图案装饰特征、婚育服饰图案装饰题材、婚育服饰图案文化内涵进行论述。

在图案方面，清代丝绸纹样在构图布局、造型设计、润色方法等形式上都继承和吸收了明代丝绸纹样的精髓，只是相较于明代丝绸纹样的粗放风格，显得更加细腻秀丽，纹样也更自由化和大型化，纹样题材继续流行反映中国传统儒家文化和思想的吉祥图案，也出现了受外来风格影响的图案[257]。随后至民国，图案逐渐融入新式元素与西式元素，并且逐渐由具象图案向抽象图案转变。图案的表现方式也逐渐追求经济、实用、便利、科学，装饰精细度逐渐降低。

一、婚育服饰图案特征

在具体图案装饰特征的表现中，近代江南婚育服饰的图案装饰特征呈现出"精、细、雅、洁"的艺术特色。精体现在女红工艺制作的精神与精美装饰形式的艺术呈现，细体现在江南妇女女红巧妙独特的构思与具有区域特色的细腻特征，雅体现在崇文重教社会环境下艺术审美的雅致特征与文人情怀，洁体现在图案装饰表现中的干净利落，突出主题的艺术特点。

根据所收集实物的统计，婚育图案题材、组织形式与工艺手法如表4-6所示，江南婚育服饰中图案装饰形式丰富，题材包含广泛，大致包含动物类、植物类、食物类、人物类、风景类与符号类，其中符号类主要包含文字、几何与器物图形。图案形式主要以平面与立体形式呈现，立体造型多集中在发禄袋与荷包中，如动物形状的蝴蝶、鹿鱼等，器物形状的聚宝盆、盒子、香炉等，文字形状的寿字、福字等，植物形状的葫芦、南瓜、柳叶等；图案组织形式主要包含连续纹样、适形纹样与单独纹样。在工艺手法中，多采用绲、镶、贴、连缀、印染、刺绣、织锦等装饰形式。在刺绣中主要包含平绣、盘金绣、打籽绣、纳纱绣、珠绣等。在图案表现中，将具有区域特色的园林与吴门画派进行糅合，极具区域特色。

表4-6 婚育图案题材、组织形式与工艺手法

服饰类型	图案题材	组织形式	工艺手法
袄、褂、衫	动物、植物、风景	适形纹样;单独纹样	刺绣、印染、织锦、绲、镶
裙	动物、植物、符号	适形纹样;单独纹样;连续纹样	刺绣、印染、织锦、绲、镶、贴
旗袍	动物、植物、符号	适形纹样;连续纹样	刺绣、印染、织锦
裤	符号（几何）、植物	连续纹样	刺绣、织锦
包领大	动物、植物	适形纹样	刺绣、镶、贴
寄名袋	动物、植物、人物	适形纹样	刺绣
荷包	动物、植物、风景、符号（器物图形、文字，）	适形纹样;单独纹样	刺绣、镶、贴
油面揭	动物 植物、人物、符号、风景	适形纹样;单独纹样	镶、贴、绲、刺绣
发禄袋	动物、植物、食物、风景、符号	适形纹样;单独纹样;连续纹样	刺绣、镶、绲、连缀
钱褡	动物、植物、风景、符号	适形纹样;单独纹样	刺绣、镶、贴
扇袋	动物、植物、符号、风景	适形纹样;单独纹样	刺绣、镶
名片袋	动物、植物、符号、风景	适形纹样;单独纹样;连续纹样	刺绣、镶、贴

二、婚育服饰图案题材

如表4-7所示，近代江南婚育服饰图案题材主要包含植物类、动物类、食物类、人物类、风景类与符号类，其中以植物题材为主，动物、符号题材为辅的组合形式，呈现多题材、多组合、多寓意的组合形式。在图案寓意中多集中体现在平安长寿、福禄、多子与夫妻恩爱等。同时西式的几何、格纹与象征科学的宇宙图案等新元素也逐渐融入婚育服饰图案装饰题材中。

表4-7 近代江南婚育服饰图案题材与内容

图案题材	分类	图案细分及名称举例
植物	蔬果	葫芦、南瓜、蟠桃（寿桃）、莲藕、石榴、荔枝、桂圆、核桃（同元，科举全中）、葡萄（万代）、白菜（清白）、柿子、佛手（三多纹样）、莲蓬
	花草	莲花（一品清廉）（因荷得偶）、缠枝花、梅花、月季、桃花、桂花、海棠花、玉兰花、兰草、牡丹（独占花魁）、菊花（居一品、延寿客）、杏花（科举顺利）、芦苇（科举及第）、萱草（宜男）、水草、芍药、茶花、万年青（万年好运）、荷叶、水仙花、折枝花
	树木	竹子、桃树、松树、杨树、柳树

续表

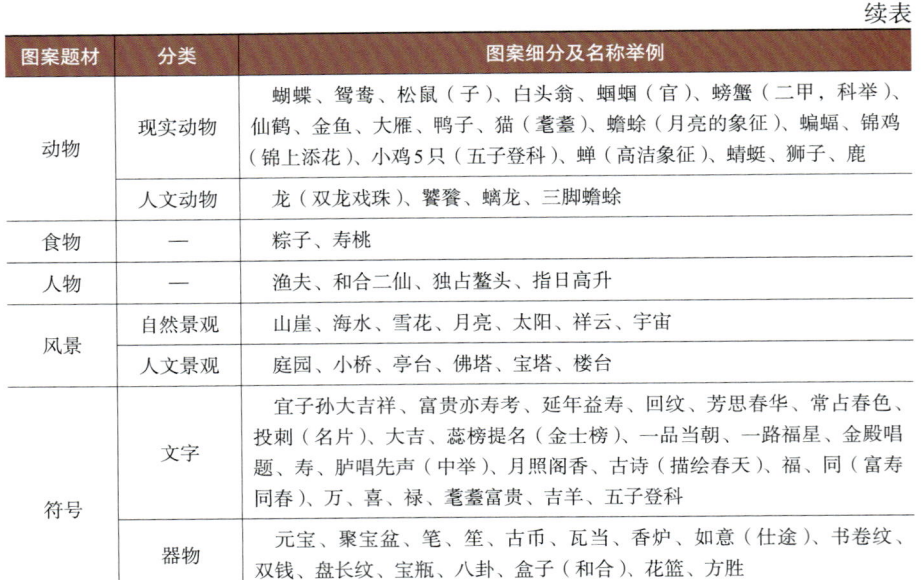

图案题材	分类	图案细分及名称举例
动物	现实动物	蝴蝶、鸳鸯、松鼠（子）、白头翁、蝈蝈（官）、螃蟹（二甲，科举）、仙鹤、金鱼、大雁、鸭子、猫（耄耋）、蟾蜍（月亮的象征）、蝙蝠、锦鸡（锦上添花）、小鸡5只（五子登科）、蝉（高洁象征）、蜻蜓、狮子、鹿
	人文动物	龙（双龙戏珠）、饕餮、螭龙、三脚蟾蜍
食物	—	粽子、寿桃
人物	—	渔夫、和合二仙、独占鳌头、指日高升
风景	自然景观	山崖、海水、雪花、月亮、太阳、祥云、宇宙
	人文景观	庭园、小桥、亭台、佛塔、宝塔、楼台
符号	文字	宜子孙大吉祥、富贵亦寿考、延年益寿、回纹、芳思春华、常占春色、投刺（名片）、大吉、蕊榜提名（金士榜）、一品当朝、一路福星、金殿唱题、寿、胪唱先声（中举）、月照阁香、古诗（描绘春天）、福、同（富寿同春）、万、喜、禄、耄耋富贵、吉羊、五子登科
	器物	元宝、聚宝盆、笔、笙、古币、瓦当、香炉、如意（仕途）、书卷纹、双钱、盘长纹、宝瓶、八卦、盒子（和合）、花篮、方胜
	几何	盘长纹、八卦、回纹、菱形、三角形、条纹、格纹

（一）植物题材

江南婚育服饰图案的运用与当地的植物密不可分。在植物题材中，蔬果方面图案的运用多集中在佛手、寿桃、石榴、葫芦等；在花草方面图案多集中在莲花、万年青、长春花（月季）、海棠、玉兰、杏花、萱草等。

佛手、寿桃和石榴常组成"三多纹样"，其中也有寿桃、石榴与蝙蝠组成的"三多纹样"，寓意多寿、多子、多福（图4-2）。葫芦寓意长寿平安，同时葫芦藤蔓相连的组合又有"带子"之意。葫芦、寿桃与蝴蝶的组合称为"瓜瓞绵绵"，瓜开花结果之初，称作"瓞"，音同"蝶"，长大后称为瓜（图4-3）。大

图4-2 三多纹样（苏州民俗博物馆收藏） 　　图4-3 瓜瓞绵绵纹（苏州民俗博物馆收藏）

瓜小瓞藤缠蔓绕的纹样寓意子孙昌盛,后继有人。万年青图案与造型也常运用于江南服饰图案中,万年青比喻万年长久,寓意和合万代、世代和睦、繁荣昌盛(图4-4);与莲花(荷花)相关的植物如莲子、莲藕等纹样常进行组合,称为"因何(荷)得偶(藕)"(图4-5)。因何(荷)得偶(藕)常用于新婚妇女饰物,含有早生贵子的吉祥寓意。一般来说,植物都是先开花后结果,而莲花是开花同时结莲子。"荷"音同"何","藕"音同"偶"。同时莲花也是清廉的象征,宋代周敦颐《爱莲说》中盛赞莲花"出淤泥而不染,浊清涟而不妖"。多用于对为人清廉的正人君子的赞誉。因此也反映出女性对男子的爱慕之情。长春花、海棠花与玉兰花组合的万代长春。长春花是月季花、金盏花的别称。其花开四季,常年如春,枝叶蔓延寓意子孙万代连绵不断。而"玉棠"音同"玉堂",玉堂乃翰林院的雅称,泛指书香门第,寓意书香门第后继有人,寓意科举必中;同时玉兰花树寓意"玉树临风",是古人对英俊风流、才华出众的少年的赞誉。显现出女性通过以物传情,隐晦地表达爱慕之情。竹子、梅花和兰花的纹样寓意夫妻同心。杏花二月开,即为考进士时间,因此寓意科举顺利。与此相关的还有萱草纹样,萱草也称为"宜子孙",寓意护佑子孙平安顺利。

至民国,在保留精细、雅致的区域审美特点基础上,植物纹样的组合自由度逐渐升高,图案寓意表达逐渐淡化,审美形式中更偏向形式美感,以大小花枝的组合在服饰中逐渐流行(图4-6)。图4-7所示为以花草与线条相组

图4-4 万年青纹样
(苏州民俗博物馆收藏)

图4-5 因何得偶纹样
(苏州民俗博物馆收藏)

图4-6 婚服中的植物花草纹样(李品德老师收藏)

合的纹样呈现在婚服中的形式。可看出西式的抽象线条也逐渐融入婚服的选择中，在图案形式上逐渐由具象向抽象进行转化，图案的框架感逐渐被打破，图案的灵动性、自由性升高。

图4-7 婚服中的花草与线条纹样[249]

（二）动物题材

在动物题材中，现实动物方面图案的运用多集中在蝴蝶、白头翁、鸳鸯、螃蟹、仙鹤、蝉、蝈蝈、蝙蝠、松鼠等；人文动物多集中在龙、三脚蟾蜍、螭龙等。

如图4-8所示，双蝶图案寓意夫妻长寿、白头到老。白头翁、鸳鸯分别寓意夫妻白头偕老与夫妻和谐，同时民间女性通常绣以鸳鸯图案为定情信物送给心爱的恋人。螃蟹图案通常与科举仕途有关。因为蟹有甲壳，一只螃蟹寓意"一甲"。"一甲"为考试成绩最优的等级，即为状元。如图4-9所示，螃蟹也常与芦苇进行组合，寓意"一甲一名"。"芦"音同"胪"，古时称上方传语意告知下方为胪，即宣布的意思[150]。仙鹤图案具有双重寓意，表达福禄与长寿的寓意。在表达福禄方面，常绘以仙鹤站在被浪潮拍打的岩石上的纹样。仙鹤的雅名为"一品鸟"。"潮"音同"朝"。古时称宰相为"一品当朝"。"一品当朝"寓意仕途顺畅，官位显赫；在表达长寿方面，如图4-10所示，仙鹤常与松树组合，称为"鹤寿松龄"。松树象征长青不老，同时仙鹤雪白的羽毛也是年龄的象征。以蝉为造型与图案的形式也常出现，同样具有双重寓意，表达福禄与品质的象征。蝉为高洁的象征，蝉与如意状祥云的纹样称为"一名如意"，表达了对男儿学业有成的预祝。蝈蝈与菊花组合，"蝈"与"官"音近，"菊"与"居"谐音，称为"官居一品"，寓意福禄双全。蝙蝠和古钱组合，寓意福在眼前，好运即将降临。松鼠多与葡萄进行组合，松鼠是老鼠的变通，鼠在民间称为"子神"，葡萄多籽，寓意多子多福。

图4-8 双蝶纹样（苏州民俗博物馆收藏）

图4-9 一甲一名纹样（苏州民俗博物馆收藏）

在人文动物方面，以龙的纹样中，常延伸有"鲤鱼跃龙门""鱼化龙"等寓意。鲤鱼跃龙门与鱼化龙的表现形式相似，主体图案绘以鲤鱼或似鱼似龙的神兽与亭台、博古图搭配。蟾蜍在古人眼里是月亮的象征。三脚蟾蜍也因"刘海戏金蟾"成为吉祥和财富的象征。至民国，动物题材纹样的运用逐渐出现等级的僭越，象征等级的仙鹤团纹、凤凰等图案也逐渐运用至寻常女性的服饰中。图4-11所示为仙鹤麦穗团纹图案，原先为文官一品夫人礼服中的品级图案，在民国初年常普遍应用于女性礼服与婚服图案中。

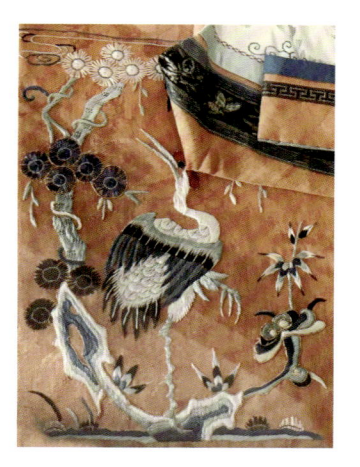

图4-10　鹤寿松龄纹样
（苏州民俗博物馆收藏）

（三）食物题材

食物纹样造型主要出现在发禄袋中，在其他绣品配件中并不常见，同时也体现出江南女性的巧妙构思。在上章所介绍的苏州民俗博物馆所收藏的福寿双全发禄袋，就出现了粽子形式的立体造型。如图4-12所示，在造型中将粽子、寿桃、如意进行立体形式的连缀组合。以粽子为造型，面料图案将动植物纹样与几何图案进行装饰。

图4-11　仙鹤麦穗纹样
（李品德老师收藏）

（四）人物题材

在人物题材中主要集中表达婚姻中夫妻和合美满、儿孙学业有成的寓意。在表达婚姻中夫妻和合美满方面，常采用和合二仙图案。和合二仙也称和合二圣，是拾得与寒山两位高僧的合称，后演变为民间掌管婚姻的神仙，是中国爱神的象征。其形象为一人手持荷花，另一人手捧圆盒，因所持莲花取意"并蒂莲"，盒子象征"好合"，取其谐音，其寓意代表和睦吉祥与喜乐，多用于表达婚姻中夫妻和合美满。

在表达儿孙学业有成的寓意中，多描绘儿童站在龙头上的图案，称为"指日高升"或"独占

图4-12　粽子造型
（苏州民俗博物馆收藏）

鳌头"。指日高升、独占鳌头图案表现相似，同时也多出现一物多意，即一幅图案同时表达指日高升、独占鳌头的意思。如图4-13所示，表现为少年身穿红袍头戴纱帽的状元及第服装，左手执书，右手执桂花和兰花并指向太阳的纹样。寓意少年刻苦读书、学业有成，将来走向仕途并成就一番事业。同时图案中少年也正是站在龙头，麒麟尾化身的神兽上。独占鳌头出自元代无名氏《陈州粜米》楔子："殿前曾献升平策，独占鳌头第一名"[250]。也有典故称，唐宋时期只有头名状元才能站在皇宫正殿中雕有龙和鳌的石板上迎榜，故名独占鳌头。鳌被形容为龟头鲤鱼尾的鱼龙或者是龙之九子中的老大，造型为龙头、龟身与麒麟尾。

图4-13 指日高升纹样（苏州民俗博物馆收藏）

（五）风景题材

在风景题材中多集中在园林、春日景色的表达，起点题、表达心情、转达心意的作用。如图4-14所示，将苏州园林、吴门画派糅合在一起展示。春日景色的表达中常与诗句进行搭配，如图4-15所示，图中诗句来源于宋代苏轼的《惠崇春江晚景》。将《惠崇春江晚景》的景色通过图画表达，画意与诗情结合在一起，凸显雅致细腻。同时也凸显出制作此物件的女性对诗词的理解与文学、艺术结合的才情。

图4-14 园林纹样（苏州民俗博物馆收藏） 　　图4-15 春景纹样（苏州民俗博物馆收藏）

同时，风景题材中也逐渐出现了等级的僭越。如图4-16所示，这类图案出现在"八团"的女性婚服中。原本象征皇权等级的海水山崖纹样在服饰中进行改良与重新组合，出现了海水山崖与麦穗、花朵的组合形式，同时海水上的花朵品类并不局限于特定的形式。图4-17中图案来源于婚俗配件中的发禄袋。可看出诸如地球仪、星辰宇宙等新元素也出现在风景题材中，显示出女性对探索世界、崇尚科学的意识观念。

图4-16　海水山崖与花朵纹样（李品德老师收藏）

图4-17　宇宙纹样（中国丝绸博物馆收藏）

（六）符号题材

在符号题材中，主要分为文字、器物图形与几何。文字方面多集中在文字与图案的组合、书法文字的表现以及福、寿、万字纹等辅助纹样的组合。文字与图案的组合中常以字与形进行组合。如图4-18所示，文字"福寿双全"中将字体结构中纳入寿桃、牡丹、菊花等图形，构思巧妙，形意双全。"松鹤同春"由篆体汉字组成，具有书法之美，也展现出女性自身的才情。同时万字纹也常与寿字组合，寓意长寿连绵，富贵不断头。万字纹是古代的符咒、护符或宗教标志。佛教中记载已是佛祖释迦牟尼胸部所现的"瑞相"，用作"万德"吉祥的标志。

（a）文字"福寿双全"　　　（b）文字"松鹤同春"

图4-18　文字纹样（苏州民俗博物馆收藏）

在器物图形方面多集中在笔、锭、笙、如意、盒子、双钱与宝瓶等。笔与锭，谐音为必定，寓意为必定中举或必定如意。如图4-19（a）所示，笔、笙、如意，寓意仕途如意，节节高升。三个大小不同的元宝串起的造型，称为"连中三元"。盒子等造型的器具象征"和合"，常与盒子与万年青进行组合。在几何图案方面多集中在盘常纹、菱形纹样、回纹等。图4-19（b）为盘常纹，盘常纹通常代表八吉。八吉又称八宝，泛指佛教中的八种法物，寓意吉祥连绵不断。菱形纹样常以单个或多块面进行组合；回纹多用于服饰边缘的装饰中；同时八卦纹样寓意阴阳轮转，相反相成是万物生长变化的规律，具有镇恶除邪、保家平安的寓意。

（a）器物纹样　　　（b）几何纹样

图4-19　器物和几何纹样（苏州民俗博物馆收藏）

随后在几何纹样类别中逐渐融入西方审美形式的条纹与菱形格纹图案。如图4-20所示，在女性婚服中原先具有框架感的刺绣构图方式逐渐解体，满铺式样的几何印花图案逐渐应用于女性婚服中，图案所显现的自由性、随意性逐渐提高。

（a）条纹图案　　　　　（b）菱形几何纹样

图4-20　女性婚服旗袍中的西式几何纹样[203,251]

三、婚育服饰图案内涵

婚育服饰图案装饰文化内涵主要归纳为以下三方面内容。

（一）女性情感的自我表达

制作者在服饰图案上的表达在一定程度上也是制作者自我意识的表达。制作者在自我意识的表达中突出了女性对情爱的隐喻诉说以及自我价值与能力的展示。在情爱的隐喻诉说方面，以隐喻的形式表达出女子对心仪男子的爱慕之情以及对婚后夫妻情感的期待之情。在服饰品中，发禄袋、荷包、扇袋、油面揭、钱褡、名片袋等都是陪嫁物品，是女性自我表达与传情的载体。因此常以"因何（荷）得偶""玉（玉兰花）树临风""芳思春华""一甲（螃蟹）一名"等题材表达女性对男子的爱慕之情以及对男子仕途的祝愿；双蝶、白头翁、鸳鸯、竹、梅、兰花等图案表达出女性对婚后夫妻情感的期待之情，希望能够夫妻白头到老、夫妻同心、情感和谐。在自我价值与能力的展示方面，不仅体现于选用图案的象征、图案的制作，还体现于图案装饰中诗情与画意的结合，以针代笔在纺织品上对文字书法的绘制以及将文字与相应图案结合等巧思，都是一种女性对自我价值与能力的展示。

（二）护生纳吉的祈子企盼

长寿作为一种特定的生理现象和文化现象，在中国广大的民间是一个有限生命得以延长的时间概念。因此在服饰图案中以不同的题材、组合形式来表达对祈子、护子、纳吉的育俗企盼。在祈子方面，以"三多纹样""瓜瓞绵绵"等图案体现出对多子多孙的祈福；在护生方面，以"鹤寿松龄"（仙鹤松树）、"长寿万代"（菊花、竹子与梅花）、"万代长春"（长春花、海棠花与玉兰花）等来表达对子孙万代平安、子嗣延续的护生心理。在纳吉方面，"松鼠葡萄"、竹子（平安）、"宜子孙大吉祥""富贵亦寿考""一路福星"和盘常纹等动植物与符号题材表达出富贵吉祥的美好祝愿。

（三）崇文重教的人伦观念

在传统育俗文化"生生之德"的核心观念下，祈子只是"生生之德"的初始表现，而让新生命得到良好的启蒙教育，由生理人转变为精神人，才是生生之德的完成。转而言之，这是由生理到精神的转变。在图案装饰中不仅体现出对子嗣连绵的祈子初衷，也体现了对仕途顺利的愿望。例如常以"鲤鱼跳龙门""拔得头筹"（萝卜）、"独占鳌头""指日高升""仙鹤"（一品鸟）等表达对"禄"仕途的追求。兰花和桂花纹样称为兰桂齐芳，古人称兰花为香草，常用来比喻有出息的后人。同时也不忘劝谏、引导子弟以后为官清廉，为人端正；因此常用莲藕、荷花寓意一品清廉，或运用蝉、水仙花等纹样象征高洁的品质。其中利用器物图案（笔、笙、元宝、如意等）、文字图案（常用占春色、蕊榜提名、一品当朝、金殿唱题、胪唱先声等），不仅表达对未来发展的祝愿，也鼓励以一种崇文的路径来实现人生理想。通过走正途、读书等引导方式体现出崇文重教、蒙以养正的人文思想观念。

第三节
近代江南婚育服饰工艺

以下主要对江南婚育服饰中具有典型性的制作工艺与装饰工艺进行论述。

一、制作工艺

晚清时期，西方的工业文明和制作技艺传入中国，使得中国服饰的造型和技艺兼容中西，不断丰富和发展。传统中式服装以平面结构为主，结构多直线和斜线，重裁剪装饰；西式服装以立体结构为主，注重三维立体曲面形态的塑造。近代江南婚育服饰中也逐渐出现传统中式平面结构与西式服装造型的融合。

以江南大学民间服饰传习馆的民国时期大红缎地绣花女袄婚礼服（JN-A002）为例，分析其主要服装制作工艺。图4-21所示为婚服衣身结构图，此件婚礼服为典型中西风格结合形式，制作方式为手工缝制。衣长为67cm，通袖长约118cm，袖口宽25cm，前胸围约49cm，下摆宽68cm，衣摆衩高21.5cm，下摆起翘量为6.5cm。面料为新式面料，袖部无拼接，面料幅宽约60cm。里料为传统面料，袖部有拼接。整体婚服体现出女性对外来文化的接受程度与新旧意识混合的形态。

图4-22所示为婚礼服领部造型，正面领部为西式戗驳领造型，反面为中式结构，无领座，翻驳线处有宽2.5cm的中式护领。

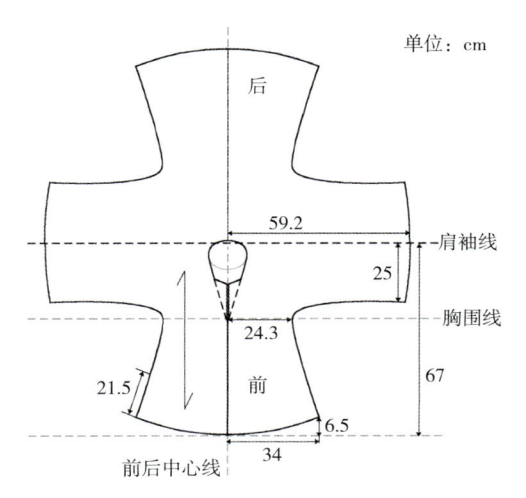

图4-21 婚礼服女袄衣身结构图

（a）正面　　（b）反面

图4-22 婚礼服领部造型

图4-23所示为婚礼服领部结构图，图中A处对应的部位为贴领结构，采用斜裁，因为穿着时被翻领遮挡，因此为拼接形式，更为节省布料，具有经济性。B处为驳头反面的拼接线，驳头正面无拼接并带有2.5cm的护领宽度。驳头反面

的拼接线与衣身面料缝合,同样具有经济性。

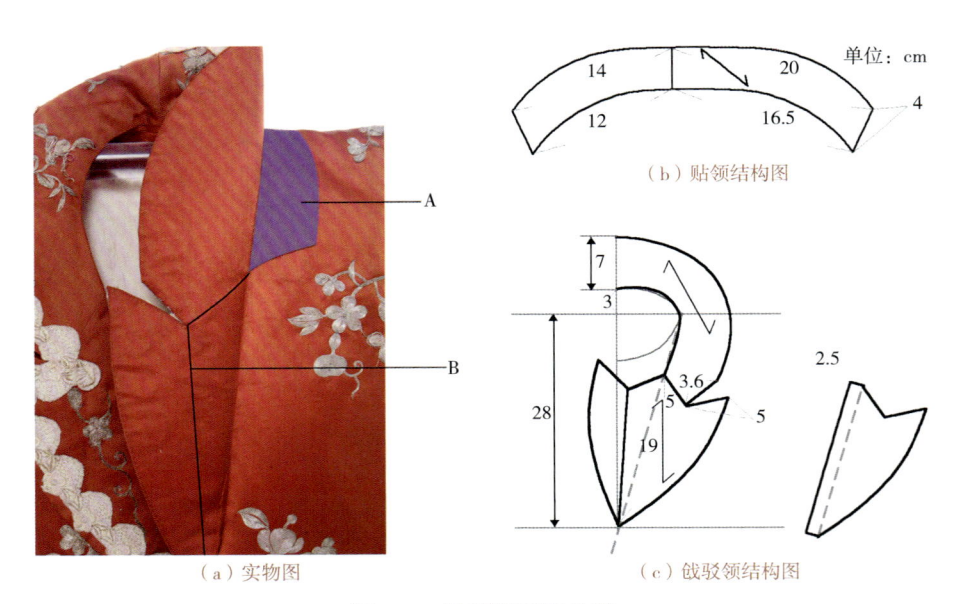

图4-23 婚礼服领部结构图
(a) 实物图
(b) 贴领结构图
(c) 戗驳领结构图

通过对服装实物分析,该婚服的主要制作工艺包含"刮浆法""压水线"与"缝三铲一"。"刮浆法"是指在服装领口、门襟止口、侧缝、袖口、开衩、下摆处等穿着时受力比较大的部位进行上浆[252]。刮浆的作用在于增加服装与人体受力部位面料的厚度和耐磨性。对于轻薄的面料,使其变得硬挺,更利于服装缝制与造型。在传统的制作方法中,刮浆的浆水多用米浆;"压水线"是将长约50cm的棉线浸水后,在嘴唇上抹过以调节水线的湿润度,放在刷过浆的面料上方进行拉动,经水线拉动过的地方就会留下一条水印[252]。水印起到标记缝份的作用,也提升服装在制作过程中的平整度;"缝三铲一"是传统行针方式。"缝三"指的是将前片的面子与后片的面子和一片里子缝合在一起;"铲一"指的是铲里子,运用暗藏针绗缝[253]。

制作过程主要为:在缝制服装前,在面料和里料上进行上浆和压水线。压水线是用棉线弹压出距面料边缘0.5~0.6cm距离的平直参考线;依据水线扣压缝面料和里料的边缘,进行平针正面暗缲,针距、针迹均为0.1~0.2cm。此工艺特点在于所有针迹藏在面料缝份和面料之间,面料正面不显示针迹。同时此方法均用于缝止口、对襟、下摆、侧缝开衩、袖口边缘处。侧缝和腋下缝合部分进行倒缝缲针,所有缝份采用明缲针并均倒向后身方向,针距0.2~0.3cm。扣压好面、里料边缘后,采用"缝三铲一"的传统行针方式进行暗藏针绗缝。

如图4-24所示为"缝三铲一"中二短一长的行针方式，短针针距0.3 cm，长针针距3.3 cm。

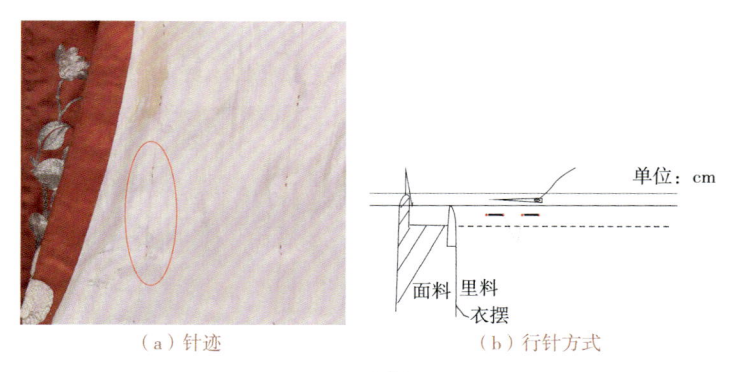

（a）针迹　　　　　　　　　（b）行针方式

图4-24　暗藏针绗缝

二、装饰工艺

装饰工艺是以美化服装为主，并服从于总体设计需要的各类缝制工艺。装饰工艺有传统的嵌、绲、镶色（镶拼）、宕等，还有盘花钮、缉云花、拉散花及各种针法的绣花与电脑绣花等[254]。传统女装基本上都是以手工缝制为主，民国以后有时也会用缝纫机与手工结合的方式[255]。

近代江南婚育服饰主要采用的装饰工艺手法有镶、嵌、绲、宕、盘结与刺绣等。在装饰手法中表现出多种方法的综合运用。如图4-25（a）所示为黄素娥与卜舫济的结婚照片，上衣衣摆处有如意头造型。图4-25（b）所示为江南大学汉族民间服饰传习馆收藏相类似的如意头造型形式江南女褂。在装饰工艺中采用绲边、嵌线、宕（贴补）的综合运用。

（a）老照片　　　　　　　　（b）装饰工艺

图4-25　装饰工艺的综合运用

绳边是指在服饰边缘用布条缝制后将衣边包没的工艺，包含细香绳、花鼓绳、单色绳、双色绳、嵌线绳等多种形式[252]。绳边除有装饰功能外，具有使服饰边缘光洁、牢固的实用功能。江南婚育服饰中常用绳边对领、衣襟的边缘进行装饰。如图4-26所示为红色丝质旗袍衣领处的绳边，宽度为0.2cm，称为细香绳。嵌是指把花边等卡缝在两片布块之间形成细条状的装饰。其中绳边加嵌线的组合又称为"绳边出芽"[252]。宕，即补，是指将服饰上不同色彩、各种质料剪成的布块或纹样等，进行粘贴、堆积、拼接缝制的工艺。如图4-27所示为平面贴补形式，制作方法为先用纸剪出花样，刮浆后贴在布料的反面，留出缝份并在花样转角处剪出刀眼，再将花样放置在装饰部位，用疏缝固

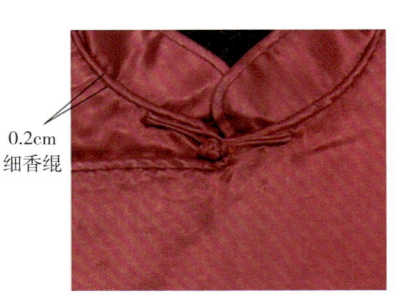

图4-26 细香绳

图4-27 平面贴补形式

定。最后在花样边缘用回针缝固定，针距和线距均为0.1～0.2cm。在江南女性婚服中，还会将珠子细线堆补运用在上衣与裙装边缘，以形成流苏的效果；在童帽的装饰中也常用堆补将不同绣片堆积、重合进行装饰。

刺绣分为手绣与机绣两种，江南婚育服饰中的刺绣以手绣为主，针法与表现形式多样，具有代表性的包含三蓝绣、盘针绣、衍针绣、人字针绣与锁扣绣等。三蓝绣又称"全三蓝"，采用多种色相相同、色度不同的蓝色绣线进行刺绣，在服装的衣领、袖口、缘边以及服饰品中经常出现。如图4-28所示为婚服

图4-28 婚服中的盘针绣

中的盘针绣，以银线进行装饰，也称为"盘银绣"。盘针绣，是一种半立体装饰效果的刺绣针法。材料采用金银线，主要分为盘金绣与盘银绣。以银线作为装饰材料，其做法为用一根小圆棒作辅助，先用粗绣线在小圆棒上盘绕圈，然后用另一根细线作回针缝，将盘绕的粗线固定，依次盘绕一圈缝一针，同时抽去小圆棒。这样可以形成块面、线状、点状的装饰形态，表现出华丽、富贵的半立体装饰效果。

在刺绣样式中，不仅有传统图案题材，还有参照西式蕾丝式样，运用多种针法表现出西式风格的。如图4-29所示为婚服中的花边，该花边缝制中主要有衍针绣、人字针绣与锁扣绣。刺绣中先用针将纱线挑开，营造出面料表面纱线的疏密区别，再以本色线进行线迹装饰。图4-29（a）处为衍针绣，指以等间距针脚运针，形成虚点状的线脚；图4-29（b）处为锁扣绣，指以连环短横线针脚运针形成花瓣的外形轮廓，运针时短横套针以等间距由前向后退；图4-29（c）处为人字针绣，指从边缘起针，中心处落针，再从中心处起针，另一侧边缘落针。如此反复，使绣痕呈人字形排列。

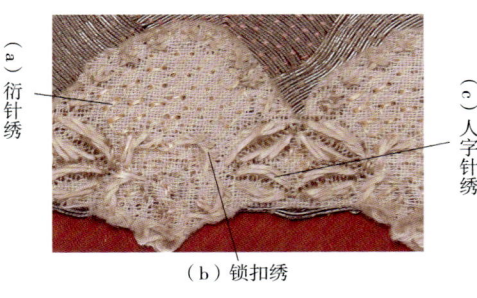

图4-29　手绣针法
（a）衍针绣　（b）锁扣绣　（c）人字针绣

第四节

本章小结

本章是对前面章节的延续，基于对近代江南婚育服饰体系的研究，承接近代江南婚育服饰形制，继续探讨近代江南婚育服饰材质与图案装饰艺术特征。主要结论如下。

（1）近代江南婚育服饰材质呈现出传统手工面料与近代机制面料共存逐渐向机制面料转变的多元化状态。一方面，新的织造工艺逐渐融入传统手工面料

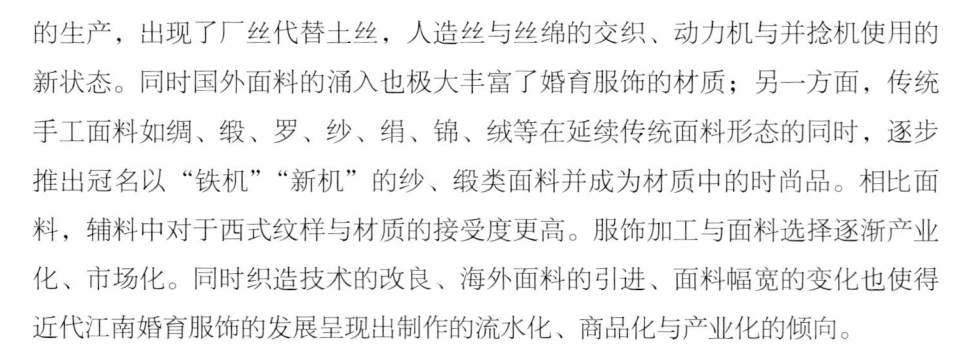

的生产，出现了厂丝代替土丝，人造丝与丝绵的交织、动力机与并捻机使用的新状态。同时国外面料的涌入也极大丰富了婚育服饰的材质；另一方面，传统手工面料如绸、缎、罗、纱、绢、锦、绒等在延续传统面料形态的同时，逐步推出冠名以"铁机""新机"的纱、缎类面料并成为材质中的时尚品。相比面料，辅料中对于西式纹样与材质的接受度更高。服饰加工与面料选择逐渐产业化、市场化。同时织造技术的改良、海外面料的引进、面料幅宽的变化也使得近代江南婚育服饰的发展呈现出制作的流水化、商品化与产业化的倾向。

（2）近代江南婚育服饰材质主要集中在丝、棉面料。对面料的选择主要包含传统手工面料与机制面料，对辅料的选择以机制面料为主。女性婚服面料材质多采用缎类面料，其中以"八团红青褂子"的女性婚服为例，传统上衣下裙形式的婚服面料以库缎类为主；旗袍面料包含齐眉缎、花缎、软缎等，稍次之则选用棉质面料；婚纱面料多为软缎。童装面料中现代面料的运用越来越多，服饰面料中除传统丝质、棉质面料外，毛线（绒线）、机制棉织物、毛织物的运用逐渐广泛。机制棉织物中包含卡其布、斜纹布、白洋布、府绸等，斜纹类毛织物包含哔叽布，颜色包含黄色、白色、黑色、蓝色等。服饰配饰中头纱多选用安琪纱、新机纱类或进口纱类。里料为洋板绫、华丝葛与小纺等机制面料。婚服辅料包含花丝边、金花边与彩缎花边等。

（3）近代江南婚育服饰图案不仅呈现出"精、细、雅、洁"的区域艺术特色，体现出女性情感的自我表达、护生纳吉的祈子企盼、崇文重教的人伦观念与文化内涵，还显现出审美艺术形式、个人意识形态的逐渐改变。图案组合与应用逐渐出现等级的僭越。由图案所反映的等级性、制度性与寓意性逐渐弱化，逐渐偏向形式美感。传统多题材、多组合、多寓意的组合框架被逐渐打破，图案布局与题材组合更为自由并逐渐向抽象类图案转变。图案纹样在延续传统纹样运用的同时，也出现了象征科学性、探索性诸如宇宙、地球等新元素，显现出求吉纳福祈愿逐渐向追求科学的新视角与新理念发展。

（4）服饰工艺既保留了传统制作方法又融合了西式造型元素。主要制作工艺包含"刮浆法""压水线"与"缝三铲一"，采用的装饰工艺手法有镶、嵌、绲、宕、盘结与刺绣的综合运用。在刺绣样式中，不仅有传统图案题材，还有参照西式蕾丝式样，运用多种传统针法仿制出西式风格。

第五章 近代江南婚育服饰变迁

基于以上章节对近代江南女性婚育观、近代江南婚育服饰体系的深入研究，本章以时间为横轴，主要阐述如何细化近代江南婚育服饰变迁状态，总结近代江南婚育服饰与近代江南女性婚育观之间的相互关系。

近代江南的婚育服饰与女性婚育观都是一个动态的变化过程。目前对于服饰文化变迁的研究集中于以实证研究为基础，多维度、多角度论述社会与服饰变化的关系[74,94]，而在观念与服饰关系方面探讨较少。在对于近代江南女性服饰的研究中，众多学者都归纳了服饰现象特点，即为中西合璧、新的极新、旧的极旧的服饰状态。在已有服饰现象认知的基础上，对于明晰服饰发展各阶段的差异性都还未进行详尽的论述。例如服装从哪一部件开始发生变化，服饰细节在时间发展中的具体演变表现，服饰变迁过程中的倾向以及服饰风格在时间演变中所占比例等问题。

越来越多的学者通过定性分析对文化现象等问题进行研究。Burgess M C R 等[256]基于游戏盒封面图像，测试了性别表征、暴力以及与相关影像账户增长进程之间的相关性，通过分析发现女性的负面形象相比男性更为鲜明，以此进一步探讨负面图像对玩家用户的潜在影响。Lutz C A 与 Collins J L[257]基于定性分析研究中的内容分析方法，针对《国家地理》杂志近30年约600幅照片进行分析，从种族、性别、特权、进步和现代性的问题出发，通过分析图片中诸如颜色、姿势、框架和视角等事物，评估该杂志的文化叙事是如何被接受和解释的，发现潜在的以及不被人注意的政治导向。Burgess J[258]通过对美国最受欢迎的视频网站YouTube平台中的影像资料分析，探讨视频平台和用户参与式文化。Hartel J[259]为了研究美食家的信息行为，对20位美食家日常生活中与信息相关的行为和空间进行了拍摄，并对拍摄的图片进行了整理分析，希望能够得到美食家在休闲活动中信息行为的意义和规律。国内学者张劼圻与赵柯然[260]对中美图书馆进行视觉比较，将中美两国四家公共图书馆网站上的3000多张图片作为样本，采用定性分析研究的方法对这四家图书馆网站的图片数量、网站首页设计、图片内容分布以及呈现方式等方面进行比较分析（图片收集，图片分类，分析结果），探究中美图书馆网站的差异性。

基于此，本章在实证研究、文献比对的基础上，运用定性研究方法采用NVivo软件对近代图片等视觉素材进行编码统计分析，呈现近代江南婚育服饰变迁更为客观、细致的演变形式；为纺织科学与工程学科中的服装设计与工程方向在近代女性服饰变迁研究中提供一种研究分析方法。

| 第一节 |
近代江南婚育服饰数据分析

对于近代江南婚育服饰的图像分析，主要采用定性研究中的内容分析方法，运用NVivo软件对视觉图像进行编码与数据分析。

一、数据样本

以1859—1949年作为时间范围，研究对象以江南女性婚服与育服为主，数据主要来源于近代期刊中的结婚照与儿童礼仪场合照片，同时结合近代名人日记、近代小说进行比对。涉及文献资料400篇，收集婚礼服有效照片454张，儿童照片118张。依据历史重大事件为时间节点，将时间范围分为1859—1910年、1911—1926年、1927—1936年与1937—1949年四个发展阶段。时间节点分别为1911年、1927年与1937年：1911年辛亥革命，清朝专制帝制的推翻，从社会制度上来说意味着新的时代的开始，女性意识逐渐崛起；1927年蒋介石建立南京国民政府，结束军阀混战的局面，意味着新的社会局面的开始，同年宋美龄的婚礼也成为引领时尚的风向标；1937年抗日战争，作为一场抵抗日本侵略的民族性战争，整体社会局面在此发生了巨大变化。

二、研究方法

（一）内容分析法

内容分析法是定性研究方法中的一种研究方式，Rose G的研究可堪称是该领域研究中的翘楚[261]。内容分析法是在针对图片素材的研究分析时引申出的研究方法。通过图像来提取文字，这种过程反映了图像与语言之间的双向作用并产生了数据[262]。内容分析方法基于对大量文本、图片材料进行挑选、编码与分析。在内容分析方法中常见的研究分析步骤为选择分析的图像、设计类别编码、图像编码与结果分析。如图5-1所示为内容分析方法的常见研究框架。其中选择分析的图像指确定研究对象，设计类别编码指对图像进行分类划分。在图像编码中明确分析类别，这样即使研究者不同，在图像编码中也可以得到同样的结果，以满足研究可重复性、可操作性特点。在结果的分析中，基于每组图像都会有一些相应的编码类别，在分析方法上可以根据编码的出现频数进行统计，根据编码频数与其他数值进行比较也可以探讨不同编码间的关联，这既可以做定性也可以做定量分析。

选择分析的图像 → 设计类别编码 → 图像编码 → 结果分析

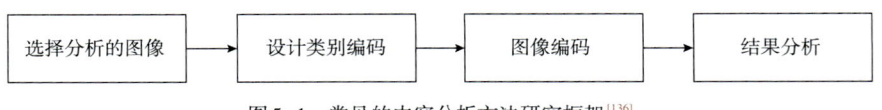

图5-1　常见的内容分析方法研究框架[136]

（二）NVivo软件的分析编码

基于定性研究中内容分析方法，运用NVivo定性软件对图片素材进行数据编码、分析与统计。NVivo软件的运用主要体现在对编码过程的处理。编码是指将资料转移成概念的过程，是研究者将搜集到的资料重新整合并分类成不同类型，通过概念裂解并赋予新概念，检视与研究主题有特殊关联的操作过程[263]。

NVivo作为一款支持定性研究方法和混合研究方法的软件，可导入多种类型数据（doc, pdf, excel, jpg等），能够对文章、访谈、调查结果、音频、视频、图片、网页或社交媒体等内容进行处理，根据源数据创建节点并编码分析，以及对编码内容添加备注与链接等。本章主要以NVivo软件对近代图片资料进行定性分析。NVivo在应用方法中一般采用输入材料—浏览—编码—分析—联系—可视化图表—备忘链接—输入的循环分析过程，以建立数据间的相互联系[264]。

在对于编码的过程中，以Anselm S等提出的[265]三种类型编码为基础，即开放式编码、轴心式编码和选择式编码。在扎根理论中，开放式编码是所有编码形式的基础，是经由密集的监测资料来对现象加以命名及类属化的过程。轴心式编码是在开放式编码筛选的基础上，合并意义相同或相近的编码，进一步提炼概念词汇。选择性编码是在轴心式编码的基础上筛选出更具高度抽象性、解释性的主题。如图5-2所示为NVivo编码研究框架。

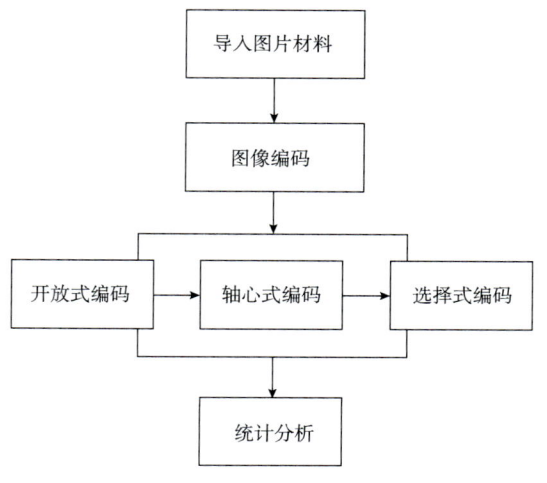

图 5-2　NVivo 编码研究框架[265]

三、研究框架与数据分析

结合内容分析方法框架与扎根理论编码方式，依据服装的构成元素及从属关系，对数据资料进行编码分类，编码分类如表 5-1 所示，将分析主题分为服饰风格、服装形制、服装配件、服装装饰四部分，同时进一步将概念提炼为风格倾向与服饰面貌。通过对于各类别的数据统计，分析并细化婚育服饰的变迁形态。

表 5-1　编码分类

开放式编码	轴心式编码	选择式编码
中式	服装风格	风格倾向
西式		
中西式		
部件	服装形制	服饰面貌
形式		
长度		
首服	服装配件	
足衣		
其他配件		
图案	服装装饰	
面料		
颜色		

第二节
近代江南女性婚服演变特征

为进一步细化江南女性婚服演变特征，主要对服装形制、服装装饰与服装配件三部分进行分析，并从中抓取具有代表性的符号指标，对女性婚服的演变形态进行量化。通过内容研究方法，运用NVivo软件对各部分内容进行观察与词频计数，按照中式、中西式、西式风格进行分类。其判定标准在于中式风格掩盖人体的平面结构，西式风格基于人体的立体结构，中西式风格将两者相结合。

一、服装形制

在服装形制的分析中，主要分为服装部件、服装形式与服装长度三部分。其中，服装部件细分为对领、袖、衣襟与衣身形态的观察；服装形式细分为分体式与连体式服装种类的观察；服装长度细分为以裤、裙、衣、袖为主的形态观察。

在服装部件方面，领部共呈现12种造型，袖部共呈现9种造型，衣身形态共呈现4种造型，中式衣襟的变化比较平稳，主要包含对襟与斜襟两种形式。在317个领部计数中，领部造型主要集中在中式立领（立领、元宝领）与西式高领，所占比例分别为68.5%（$N=217$）与22.1%（$N=70$）；在185个袖部计数中，袖部造型主要集中在倒大袖、窄连袖与西式装袖，所占比例分别为41.7%（$N=77$）、26.5%（$N=49$）、16.2%（$N=30$）；在223个衣襟计数中，衣襟形式主要以斜襟为主，所占比例为75.8%（$N=169$）；在153个衣身计数中，衣身造型主要集中在窄直的衣身造型，所占比例为74.5%（$N=114$），同时，在曲窄的造型中不仅包含西式裙装的衣身也包含中式旗袍的收腰形式。如表5-2所示，按照中式、中西式、西式风格对领、袖、衣身造型进行分类。在归类中服装部件主要集中在中式与西式风格。

表5-2 服装部件的风格分类

服装部件	中式风格	西式风格
领	立领、元宝领、中式无领	侧领、衬衫领、翻领、高领、一字领、西式圆领口、吊领、鸡心领口、戗驳领
袖	连袖、大袖、倒大袖	装袖、羊腿袖、灯笼袖、花瓣袖、西装袖、无袖
衣身	宽、直	曲、窄

对风格进行分类后，结合服装结构领、袖、衣身的词频计数，计算出各部件在不同风格中的百分比，并得出各部件的变化趋势。如图5-3所示，在1859—1949年间，女性婚服中领与袖选择逐渐西化，领部的变化呈现出中式立领—中式立领—中式立领—西式高领的发展过程；袖部的变化呈现出窄连袖—倒大袖—倒大袖—西式装袖的发展过程。西式领与袖的选择均从1911—1926年间开始出现。

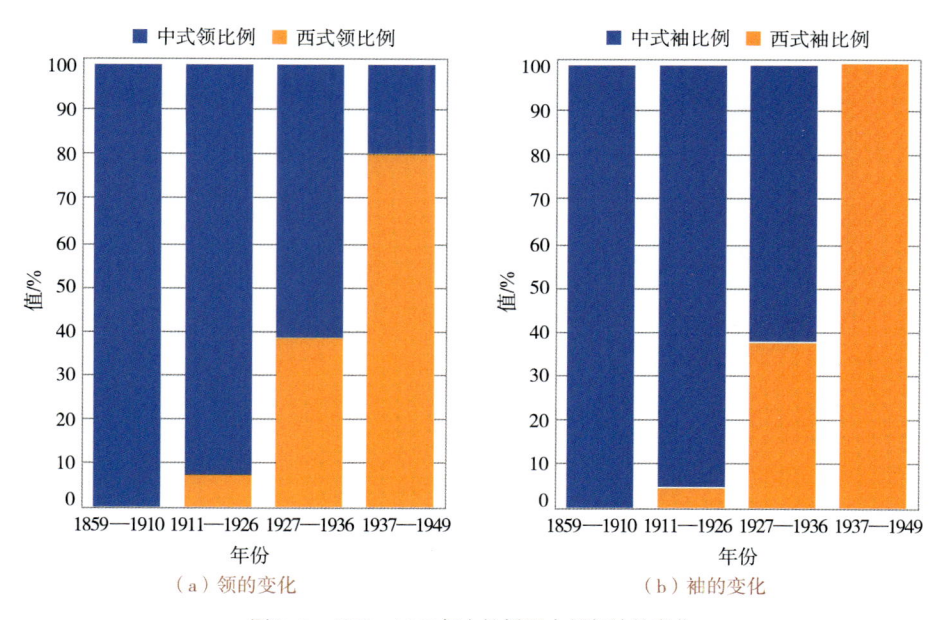

(a) 领的变化　　(b) 袖的变化

图5-3　1859—1949年女性婚服中领与袖的变化

如表5-3所示，衣身的分类在于通过衣身的变化得出女性婚服合体程度的变化。传统中式结构以掩盖身体曲线为主，多表现为平、直、宽的平面结构；西式结构以凸显身体曲线为主，多表现为曲、窄的立体结构。对合体程度进行分类后，依据词频计数计算出合体程度的百分比并得出合体程度的变化形态。

表 5-3 女性婚服的合体程度分类

掩体	逐渐合体	合体
宽、直	窄、直	曲、窄

如图5-4所示，1859—1949年间，衣身的变化中呈现出宽、直—窄、直—窄、直—曲、窄的发展过程。女性婚服衣身合体程度逐渐升高，掩体形式在1911—1926年间骤减，同时1911—1949年间分布较为均衡。逐渐合体的衣身形式成为江南女性婚服在1859—1949年间主要选择形式。

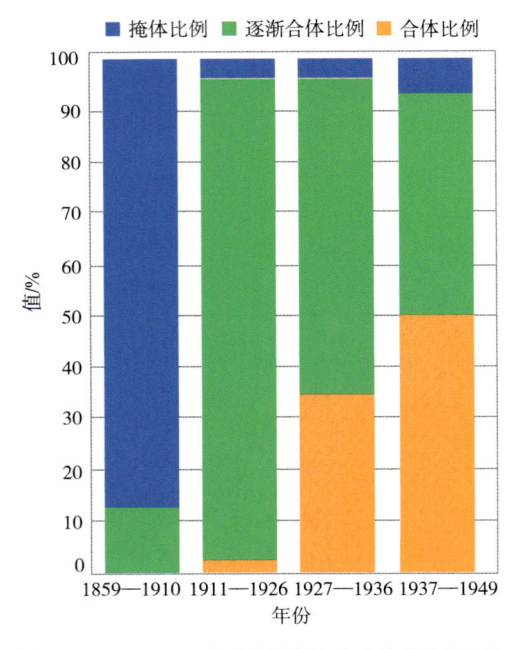

图 5-4 1859—1949年女性婚服衣身合体程度的变化

在服装形式方面，服装分体式与连体式的节点总计数为263，分体式的上衣下裙占总数的52.1%（$N=137$），连体式服装形制占总数的47.9%（$N=126$）。其中，婚服服装形式呈现14种形式，上衣下裙中主要集中在袄褂衫与套裙，所占比例分别为97.1%（$N=133$）与56.9%（$N=78$）；连体式中主要集中在婚纱与旗袍，所占比例分别为66.7%（$N=84$）与29.4%（$N=37$）。如表5-4所示，按照中式、中西式、西式风格对服装形式进行分类。结合服装款式的词频计数计算出不同风格中的选择比例,并得出婚服款式风格选择的变化趋势。

表 5-4 女性婚服款式风格的分类

服装形式	中式风格	中西式风格	西式风格
分体式	袄褂衫、流苏边袄褂衫、马面裙、喜裤	套裙(流苏边、波浪裙边)	西式翻领外套、半身裙、鱼尾裙、A摆裙
连体式	袍	旗袍/旗衫、中式领连衣裙	婚纱、西式连衣裙(异形边)

如图5-5所示,在1859—1949年内,女性婚服中西式服装选择比例逐渐升高,中西式服装选择主要集中在1911—1949年,中式服装选择主要集中在1859—1936年。服装形式总体特征呈现出分体式—分体式—连体式—连体式的发展过程。

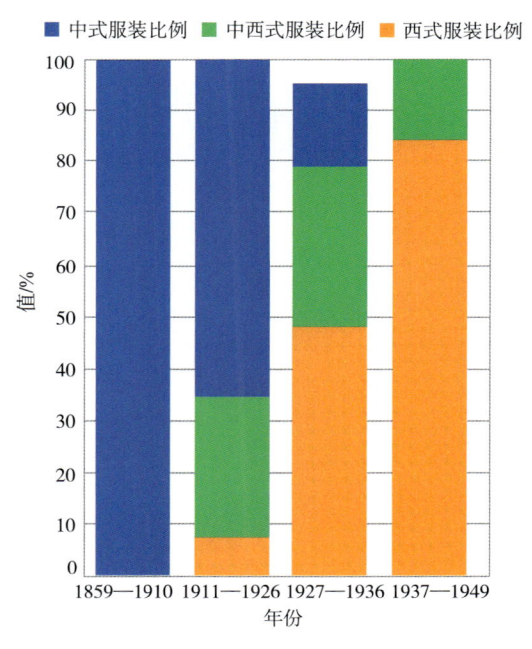

图 5-5 1859—1949年女性婚服款式风格的变化

在服装长度方面,裤子在婚服中的运用主要集中在1859—1910年,随后至1911年被裙装所替代。裙装长度主要分为5种类型,在179个裙装长度计数中以及总体时间段中,多以长裙(包含盖过脚面、及脚踝与及地)为主,所占比例为90.5%(N=162)。其次为中长裙(小腿处)与过膝裙(膝盖处)。衣长长度主要分为4种长度类型，分别为过胯部、及胯部、及腰部与膝盖处，在102个衣长计数中，衣长长度主要集中在过胯部与及腰部，所占比例分别为41.2%（N=42）与30.4%（N=31）。在袖长变化中，呈现4种袖型长度，分别为长袖、中袖、短袖与无袖。在178个袖长计数中，袖长长度主要集中在中袖与长袖，所占比例分别为50.6%（N=90）与35.4%（N=63）。如表5-5所示，依据各部件的长度变化对服装暴露程度进行分类，结合相应词频计数计算出婚服不同部位的暴露程度比例，并得出婚服暴露程度的变化形态。

表5-5 女性婚服的暴露程度分类

服装暴露度	掩体	逐渐暴露	暴露
袖长度	长袖	中袖	短袖、无袖
衣长度	膝盖处、过胯部	及胯部	及腰部
裙长度	过脚面、及地	及脚踝	小腿处、膝盖处
裤长度	过脚面		

如图5-6所示，在1859—1949年内，女性婚服中上衣暴露程度逐渐升高，袖的掩体比例在1859—1936年间逐渐递减后，在1937—1949年逐渐回升；婚服裙装选择以长裙为主，掩体比例较高。

综上所述，女性婚服形制的选择随着时间的变化发生改变，呈现出逐渐西化的发展趋势。随着女性观念意识性、自我性的提高，在婚服形制选择中以1911—1926年与1927—1936年的服饰形态最为丰富，呈现出由单一性至多样性的演变特征。婚服的衣身合体度与暴露程

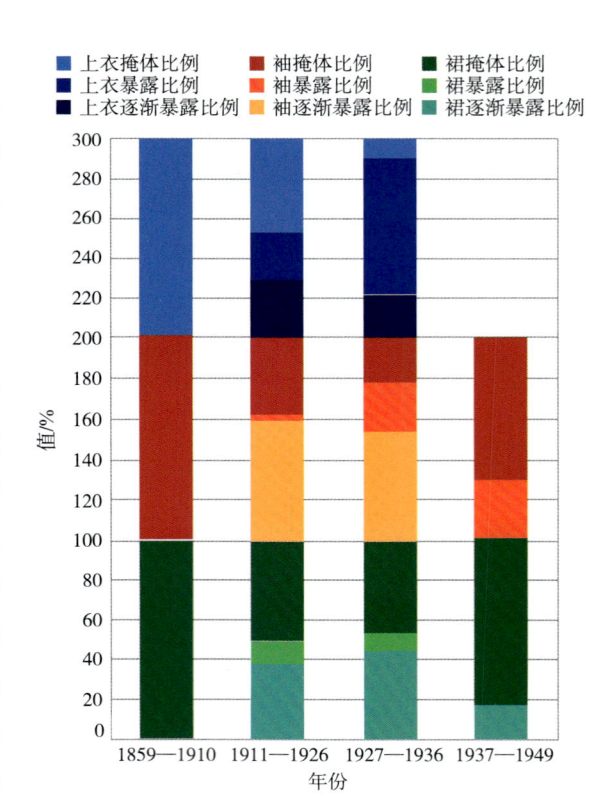

图5-6 1859—1949年女性婚服各部件暴露程度变化

度逐渐上升。上衣衣长逐渐变短，暴露比例较大，但袖与裙的长度以掩体为主。衣襟在婚服形式的变化中仍保留中式结构。

二、服装装饰

在对于服装装饰的分析中，主要分为服装图案、服装面料与服装颜色三部分。其中，服装图案中题材细分为动物、植物、风景与几何图案；在服装颜色中包含对裤、裙、上衣颜色形态的观察。

在服装图案方面，四个题材共计131个编码计数，其中，婚服图案中更倾向于植物题材，占总体图案比例的75.6%（N=99），其次为几何、风景、动物类图案。同时，风景与动植物类图案组合中多来自"八团"礼服，表现为仙鹤麦穗团纹与海水山崖组合的形式，多集中在1859—1910年与1911—1926年；在植物题材方面，总共呈现6种形式，其中以小花柄与枝叶的图案居多，所占比例分别为58.6%（N=58）与24.2%（N=24）。如表5-6所示，依据风格对服装图案进行归类，结合相应词频计数计算出图案分布比例，并得出服装图案的变化形态。

表5-6 女性婚服图案风格分类

服装图案	中式	西式
动物	仙鹤、凤凰、蝴蝶	—
植物	花卉（茶花、牡丹）、麦穗、枝叶（竹子、瑞草）、瓜果（葫芦）	威尔士梨纹、卷曲花草
风景	潮水、海水山崖	—
几何	如意曲线形	波浪形、菱形、圆形、心形、卷曲线条、格纹

如图5-7所示，在1859—1949年间，婚服图案的选择呈现出中式图案—中西式图案—中西式图案—中式图案的变化过程。中式图案在1859—1910年间在婚服运用中较为平均；西式图案运用从1911年开始逐渐出现并以几何图案为主，也逐渐出现与中式动植物与风景图案的组合运用。

在服装面料方面，总共呈现7种形式，共计454个编码计数中面料主要以丝质与纱质面料为主，所占比例分别为44.9%（N=204）与42.3%（N=192），其次为蕾丝面料、棉、毛料等。服装面料选择呈现出棉—丝质—纱质—丝的变化过程。

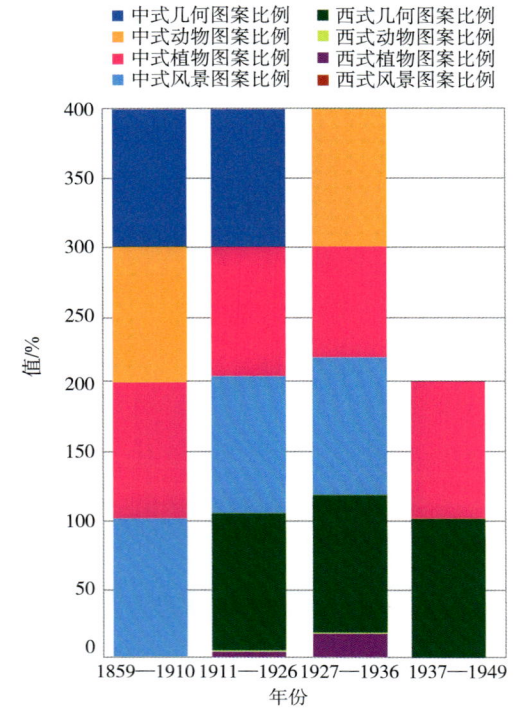

图 5-7　1859—1949 年婚服图案变化

在服装颜色方面，因传世照片多为黑白照片，对于具体颜色的提炼部分来源于图像资料中文字内容的介绍以及部分彩色图像。因此，在对于颜色的区分中，主要根据图像颜色的深浅进行统计。如表 5-7 所示，颜色状态主要分为 2 种，即浅色与深色，共涉及 557 个编码计数。颜色总体情况以浅色居多，所占比例为 87.8%（N=489），呈现由深至浅的变化过程。其中，衣裙颜色的组合中主要呈现出上浅下深组合、淡色组合与深色组合三种形式，具体涉及颜色由天青色、大红色逐渐转变为淡红色、白色以及香槟色、银色等，也说明对服装颜色选择中等级观念的逐渐淡化。

表 5-7　服装颜色特征计数

主题	分类	1859—1910	1911—1926	1927—1936	1937—1949
服装颜色	裤	浅色（2）；深色（2）	—	—	—
	裙	深色（7）；［红色（4）］	浅色（75）；深色（24）；［红色（4）］	浅色（101）；深色（4）；［白色（48）；淡红色（1）］	浅色（26）；［白色（21）；淡红色（1）］

续表

主题	分类	1859—1910	1911—1926	1927—1936	1937—1949
服装颜色	衣	浅色（7）；深色（2）；[天青色（2）]	浅色（106）；深色（19）；[红色（4）；天青色（4）]	浅色（147）；深色（8）；[白色（58）；淡红色（1）]	浅色（25）；深色（2）；[白色（22）；淡红色（1）]

综上所述，服装装饰总体呈现出由图案向颜色选择的转变，服装图案选择以中式图案为主，服装颜色选择中等级观念的逐渐淡化。在1859—1936年间，装饰形式呈现出图案、面料、颜色选择与运用的多样性；在1937—1949年间，装饰形式以颜色与面料的应用为主，对服装图案的选择逐渐降低。在1859—1936年间，对服装图案的选择以植物题材居多，其中在1911—1936年间对中西式纹样、具象与抽象纹样的选择与应用同时出现在婚服形态中。

三、服装配件

在对于服装配件的分析中，主要分为首服、足衣、其他配件三部分。在整体服装配件的变化中仍以1911—1926年与1927—1936年变化最为丰富。如表5-8所示，对女性服装配件风格进行分类后，结合首服、足衣、其他配件的词频计数计算出不同风格中的选择比例，并得出相应变化趋势。

表5-8 服装配件风格分类

服装配件	中式	中西式	西式
首服	鬓花、眉勒、珠花、凤冠、花冠、珠冠、绢花	上簇式头纱	头纱、花环、帽子、发带（额）、蝴蝶结、发夹、西式珠冠、珠网、蕾丝发箍、羽毛发饰、后置扇形头饰、头巾
足衣	绣花鞋、软缎平底鞋	软缎高跟鞋	高跟皮鞋、平底皮鞋
其他	云肩、长命锁、绸帕巾、金手镯、扇子、中式耳环	—	手捧花、墨镜、眼镜、项链、佩花（胸）、耳环、手表、手套、佩花（领）、围巾

在首服方面，总共呈现20种首服造型。在577个首服计数中，首服造型主要集中在头纱（包含头纱、上簇式头纱）、凤冠（包含凤冠、花冠）与西式珠冠，所占比例分别为43.8%（N=253）、11.8%（N=68）与8.5%（N=49）。其中上簇式头纱主要集中在1911—1926年，其扎结方式与中式红绣球的方式类似，体现出女性婚服中对外来文化的一种改良形式。如图5-8所示，在1859—1949年

间，女性婚服中西式首服选择比例逐渐升高，中西式首服选择主要集中在1911—1949年，中式首服选择在1937—1949年有所回升。

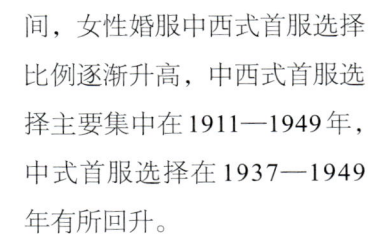

在足衣方面，由于图像资料大多为黑白照片，在形态观察中无法区分肉色丝袜，因此，丝袜部分在此不予讨论。足衣总共呈现5种足衣造型。在155个足衣计数中，足衣造型主要集中在高跟皮鞋与软缎平底鞋，所占比例分别为38.1%（N=59）与25.8%（N=40），其次为平底皮鞋、绣花鞋、软缎高跟鞋与白袜子。如图5-9所示，在1859—1949年间，女性婚服西式足衣选择比例逐渐升高，中式足衣选择主要集中在1859—1936年，自1911年后婚服足衣运用的多样性提升。

在其他配件方面总共呈现16种形式，在378个计数中，在其他配件方面主要以手捧花、耳环、项链与眼镜为主，所占比例分别为61.1%（N=231）、9.0%（N=34）、7.7%（N=29）与4.8%（N=18）。如图5-10所示，女性婚服西式配件选择比例逐渐升高并成为

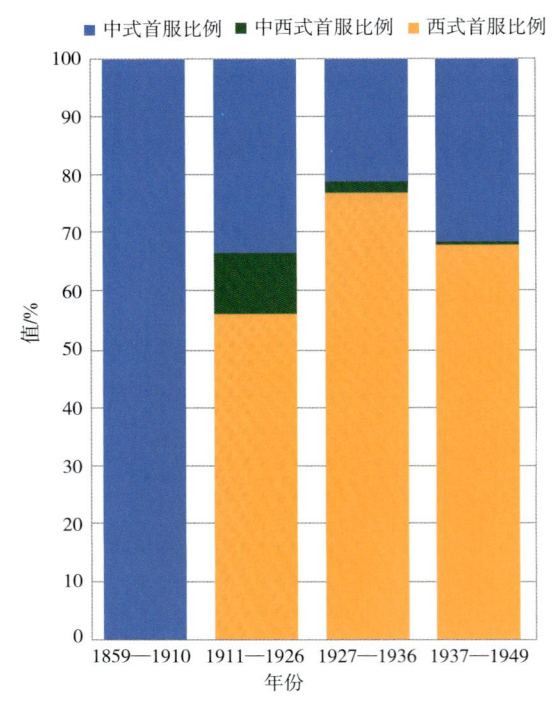

图5-8　1859—1949年首服变化趋势

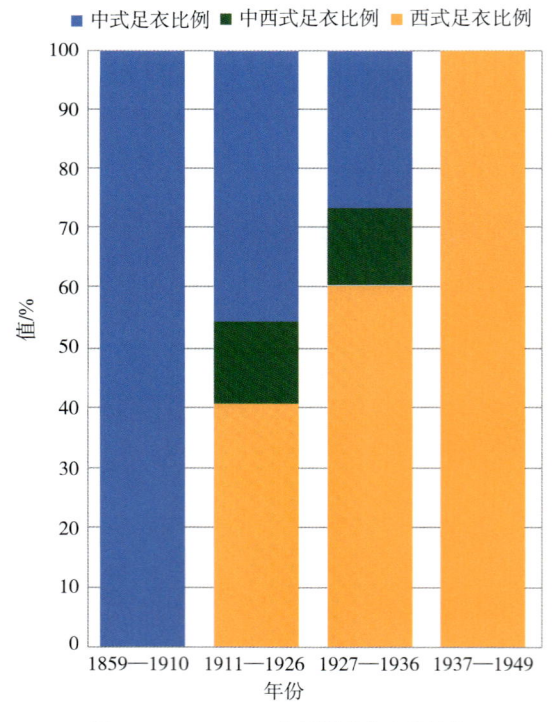

图5-9　1859—1949年婚服足衣变化趋势

主要搭配形式。

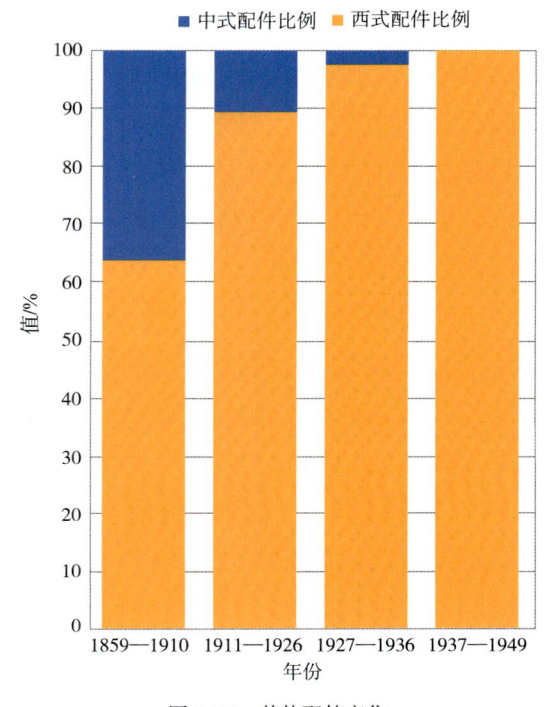

图 5-10　其他配件变化

综上所述，服装配件呈现多样性特征与西化状态。首服与足衣的选择体现出民族性与外来文化的融合与改良。其他配件方面，以西式手捧花为主要搭配形式，对西方文化的接受度较高。自1859—1949年，首服呈现出鬓花、眉勒、珠花—头纱、凤冠—头纱、西式珠冠—头纱、绢花的发展过程；足衣呈现出绣花鞋—高跟皮鞋、软缎平底鞋—高跟皮鞋、软缎平底鞋—高跟皮鞋的发展过程。

第三节

近代江南育服演变特征

近代江南育服的演变特征主要从服装形制、服装装饰与服装配件三部分进行分析。育服中细分出男童与女童的着装情况，在列表中TB代表男童，TG代表女童。

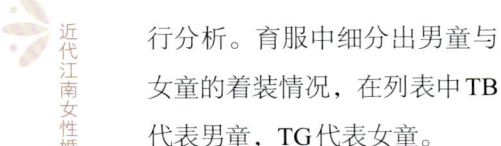

一、服装形制

在对于服装形制的分析中，主要分为服装部件、服装形式与服装长度三部分。其中服装结构细分为对领、袖、衣襟与衣身形态；服装类型细分为对分体式与连体式；服装长度细分为裤长度、裙长度、衣长度与袖长度形态。

在服装结构方面，领部变化中，总共呈现6种领部造型。在71个领部计数中，领部造型主要集中在中式立领（包含立领与元宝领）与西式衬衫领，所占比例分别为46.5%（$N=33$）与21.1%（$N=15$）。其中，男童领部造型以立领与衬衫领为主，女童领部造型以立领与圆领为主；袖部变化中，共呈现7种袖部造型。在75个袖部计数中，袖部造型主要集中在窄连袖（长袖与中袖）与西式装袖（长袖与短袖）中，所占比例分别为34.7%（$N=26$）与25.3%（$N=19$）。其中，男童袖部造型以窄连袖为主，女童袖部造型以西式装袖为主。如图5-11所示，

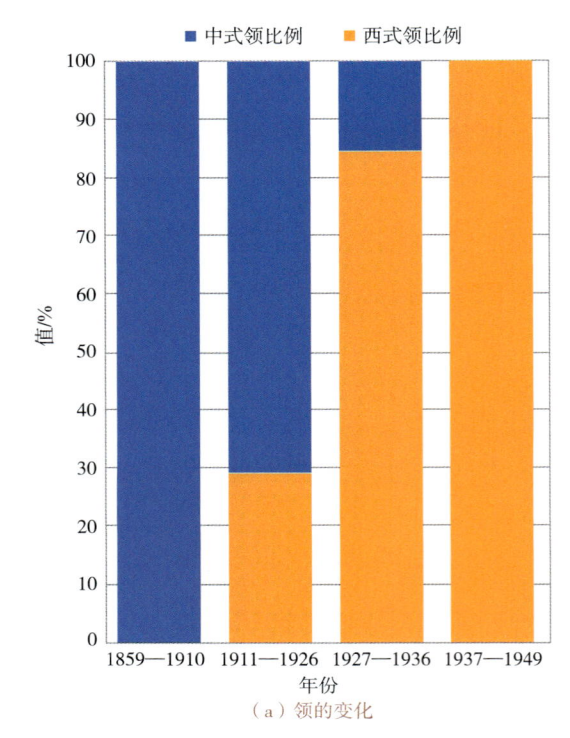

（a）领的变化

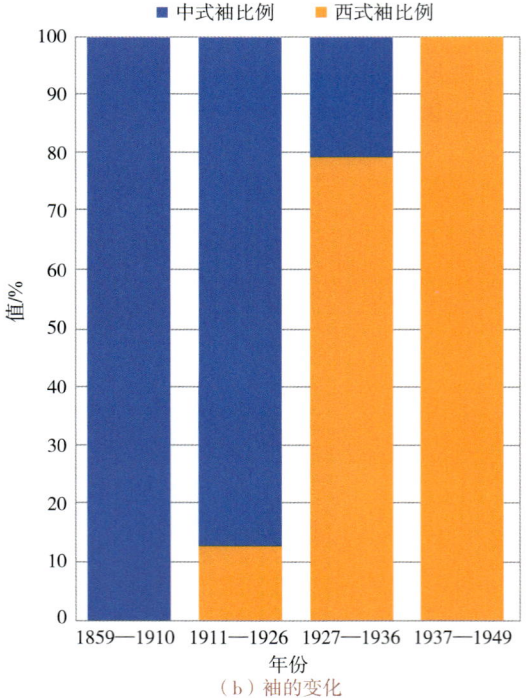

（b）袖的变化

图5-11 育服中领与袖的变化

领与袖的西式选择自1911年开始，西式风格的运用逐渐升高。

在衣襟的变化过程中相对比较平稳，主要包含对襟与斜襟两种形式。在44个衣襟计数中，衣襟形式主要以斜襟为主，所占比例为65.9%（$N=29$）。其中，男童衣襟造型以对襟为主，女童衣襟造型以斜襟为主；在衣身变化中，共呈现3种衣身造型。在38个衣身计数中，衣身造型主要集中在窄、直，所占比例为63.9%（$N=23$）。其中，男童与女童的衣身造型主要以窄、直为主。

在服装形式方面，服装分体式与连体式的节点总计数为65，主要以分体式为主，占总计数的56.9%（$N=37$）。如表5-9所列，表中TB代表男童，TN代表女童，育服组合形式呈现3种，分别为上衣下裙、上衣下裤、连体式。女童以连体式为主，男童以上衣下裤为主。同时，女童服装在组合中还包含上衣下裤与上衣下裙的形式。育服式样呈现10种形式，在分体式中男童以马甲、衬衫与短裤的组合为主。女童以袄褂衫与长裤的组合为主，同时在连体式中以西式连衣裙为主。

表5-9 服装形制特征计数

主题	分类	1859—1910	1911—1926	1927—1936	1937—1949
服装类型	分体式	上衣下裤TB（6）：马甲TB（4）、袄/褂/衫TB（6）、长裤TB（6）上衣下裤TN（2）：袄/衫TN（2）长裤TN（2）	上衣下裤TB（3）：马甲TB（2）、西装TB（1）、西式上衣TB（1）、西裤TB（4）、短裤TB（1）上衣下裤TN（12）、上衣下裙TN（4）：长裤TN（12）、袄/衫TN（16）、套裙TN（4）	上衣下裤TB（8）：马褂TB（1）、衬衫TB（8）、马甲TB（2）、西装TB（2）、短裤TB（5）、西裤TB（3）袄/褂/衫TN（2）	上衣下裤（2）：衬衫TB（1）、马甲TB（1）、西式大衣TB（1）、短裤TB（2）、毛线背心TB（1）
	连体式	—	连体式（6）：长袍TB（1）、袍TN（2）、西式连衣裙TN（3）、连体童衣TB（3）	连体式（19）：背带裤TB（1）、袍TB（2）、西式连衣裙TN（15）、宝塔裙TN（1）、袍TN（2）	连体式（2）：西式连衣裙TN（2）

在服装长度方面，育服中以上衣、袖的暴露程度较高，裤与裙以掩体为主。衣长逐渐变短，呈现出由过胯部—过胯部—胯部—胯部、腰部的变化过程；袖

长呈现由长变短的变化过程；裤长变化较为稳定主要以长裤为主；裙长呈现出中长—短—短、长的发展过程。袍的长度较为稳定都集中在脚踝处，因此在这里不进行讨论。裤装长度主要分为2种，即短裤（膝盖处）与长裤（脚踝处与脚面）。在36个裤长计数中，男童与女童裤长都集中在长裤范围。裙装长度主要分为3种类型，即短裙（膝盖处）、中长裙（小腿处）与长裙（及地与脚踝处）。其中以短裙为主，所占比例为61.1%（$N=11$）。衣长主要分为3种长度类型，分别为过胯部、胯部与腰部。在56个衣长计数中，男童与女童衣长长度主要集中在胯部，所占比例为50.0%（$N=28$）。在袖长变化中，呈现3种袖型长度，分别为长袖、中袖与短袖。在75个袖长计数中，袖长主要集中在长袖，其中，男童袖长偏向长袖，女童袖长偏向短袖。

综上所述，育服形制呈现逐渐西化的发展趋势。在服装结构中，领与袖的选择逐渐西化，领部变化呈现出中式立领—中式立领—衬衫领—衬衫领、翻领的发展过程；袖部变化呈现出窄连袖—窄连袖—倒大袖—西式装袖—西式装袖的发展过程；中式衣襟变化稳定，呈现出对襟、斜襟—斜襟—对襟—对襟的发展过程；在衣身变化中，造型选择集中在窄、直形态，但合体度逐渐形成窄宽并存的发展状态，更注重儿童生长发育与关怀。

二、服装装饰

在服装装饰的分析中，主要分为服装图案、服装面料与服装颜色三部分。其中服装图案包含对题材类别的分类，服装颜色包含对裤、裙形态的观察。

在服装图案方面，主要集中在植物与几何题材。女童服装图案更倾向于植物题材，男童服装图案更倾向于几何题材。如图5-12所示，育服中图案选择集中在1859—1962年，相比西式图案，育服以中式图案应用为主，并且在1926年以后图案的应用逐渐弱化并消失。在服装面料的选择上，总共呈现4种面料质地，共计33个编码计数。面料主要包含棉质、丝质、毛以及纱质面料，女童服装选择更倾向于丝质面料，男童服装选择更倾向于棉质面料。在服装颜色上，因传世照片多为黑白照片，对于具体颜色的提炼来源于图像资料中文字内容的介绍以及部分彩色图像。因此在对于颜色的区分中，主要根据图像颜色的深浅进行统计。颜色状态主要分为2种，即浅色与深色，共涉及113个编码计数。男童和女童的衣、裤、裙的颜色都以浅色居多，浅色所占比例为65.5%（$N=74$）。

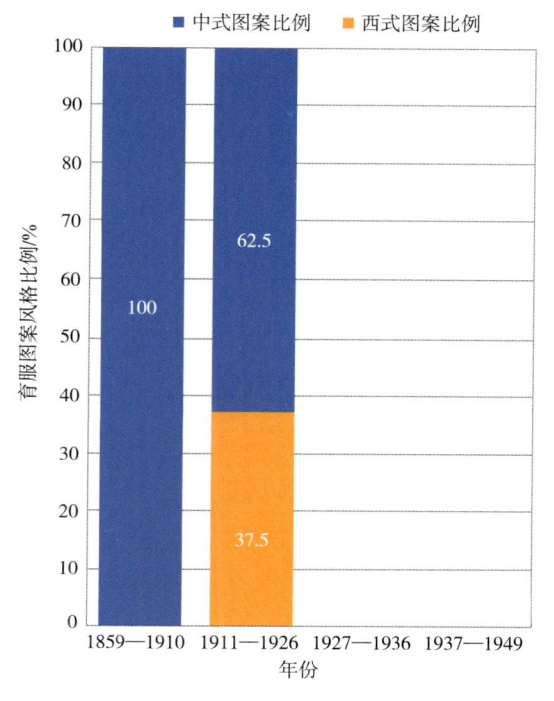

图 5-12　育服图案变化

综上所述，育服自 1926 年以后服装装饰逐渐简化，育服图案的选择以中式图案为主，图案风格集中在中式几何、植物纹样与西式几何纹样。服装面料的运用呈现出棉质—丝质—纱质—棉、毛、纱的逐渐多样化的变化过程。服装颜色以浅色为主并且变化较为稳定，同时并未呈现出明显的发展规律。

三、服装配件

服装配件的分析中，主要分为首服、足衣、其他配件三部分。如表 5-10 所示，对育服配件风格进行分类后，结合首服、足衣、其他配件的词频计数计算出不同风格的选择比例，并得出相应变化趋势。

表 5-10　育服配件风格分类

服装配件	中式	西式
首服	瓜皮帽、绢花	蝴蝶结、花环、礼帽、发夹、发箍、飞行员帽
足衣	布鞋、中式白短袜	皮鞋、镂空凉鞋、白中筒袜、白短袜、靴子
其他配件	手帕	手捧花、项链、佩花（胸）、领结、花环

首服总共呈现8种造型。如图5-13所示，首服中西式风格的应用逐渐升高，变化趋势为逐渐西化。男童首服主要集中在帽饰，女童首服主要集中在花朵与发箍。

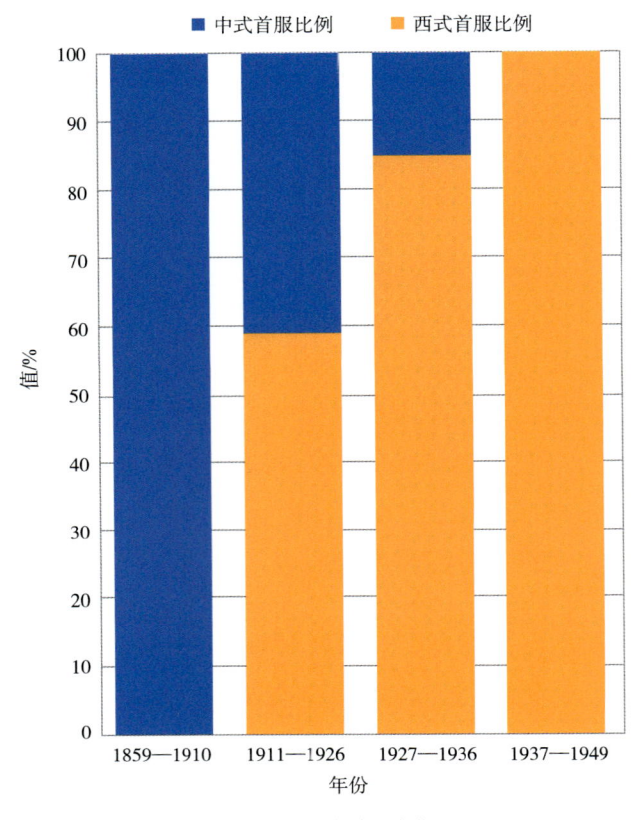

图5-13 儿童首服变化

如图5-14所示，足衣与其他配件呈现西化趋势。在足衣方面，总共呈现7种造型。在79个足衣计数中，足衣造型主要集中在皮鞋、布鞋与白中筒袜，所占比例分别为32.9%（N=26）、29.1%（N=23）与29.1%（N=23），其中男童与女童足衣搭配主要集中为皮鞋与白中筒袜的组合。在其他配件方面，总共呈现6种造型，女童配件形式的表现比男童丰富，主要集中为佩花（胸）与项链的造型组合，男童主要以领结或佩花（胸）的装饰为主。

综上所述，育服配件中对西式风格的接受比例较大，整体呈现西化趋势。1859—1949年间首服呈现由中式至西式的变化过程；皮鞋与白中筒袜的搭配成为1911—1949年间典型的足衣搭配形式。

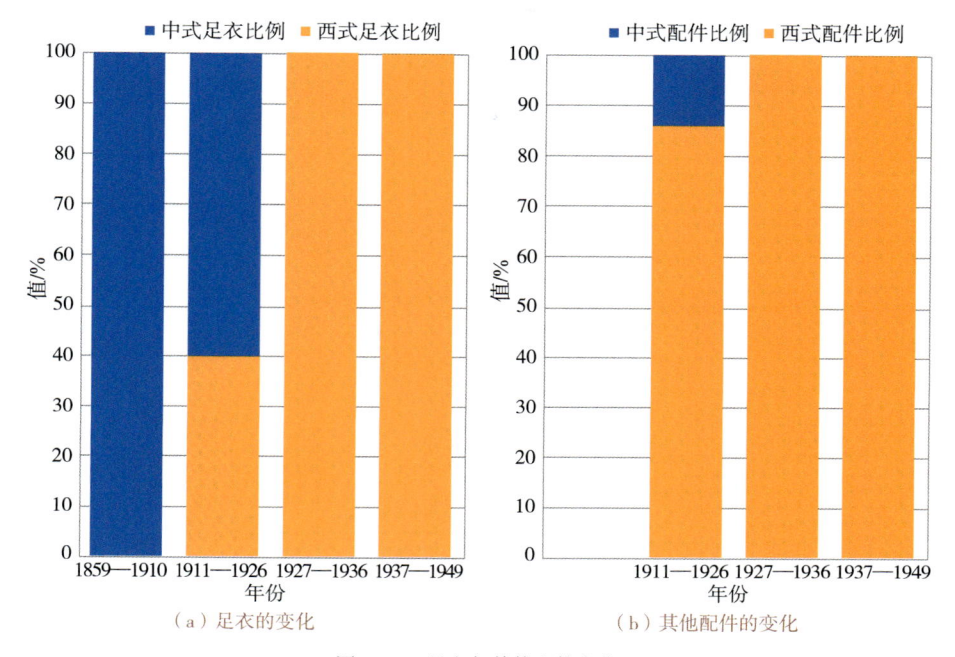

图 5-14　足衣与其他配件变化

第四节

近代江南婚育服饰演变倾向

近代江南婚育服饰在整体风格上呈现西化趋势，女性婚服风格以中西式为主，育服风格以西式为主。1859—1949 年间江南婚育服饰发展呈现中式简化—中西繁复多样—西式简化的发展过程。

在四个阶段中，1859—1910 年婚育服饰呈现单一性特征，以传统中式服饰为主，服饰搭配也相对简化；1911—1926 年婚育服饰呈现混合性特征，服饰逐渐突破自身进行改良，同时服饰搭配种类也逐渐繁复；1927—1936 年婚育服饰呈现多样性特征，西式与中西式并存，同时在服饰种类与数量上逐渐递增；1937—1949 年婚育服饰形式逐渐固定，在多样性上逐渐下降。婚育服装受众以学界作为引领，随后呈现出由特定阶级至社会各阶层分布发展、由精英阶层引领至大众化发展的状况。

一、服装风格倾向

基于对所收集数据的梳理与统计，近代江南女性婚服风格以中西式为主。如表5-11所示，婚服总体风格分为三类，分别为中式、西式与中西式风格。其中中西式风格包含传统形制的改良、西式结构与传统形制结合的改良。通过对江南女性婚服风格的细分与统计可知，女性婚服形态呈现出相互并存、相互融合的过程，体现出多样性的服饰风格。如图5-15所示，在三种风格相互影响下，分化出中式与西式的组合（g53）、中式与中西式的组合（d153）、西式与中西式的组合（f112），以及中式、西式与中西式的组合（e86）。在细分出的四种风格搭配中，以中式与中西式的组合计数居多。

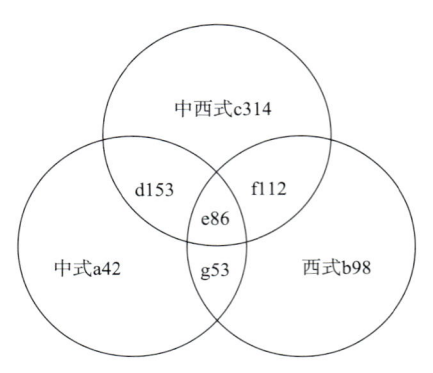

图5-15　江南女性婚服风格间的关系

表5-11　女性婚服总体风格统计

服饰风格	出现次数/次	覆盖率/%
中式	42	9.3
西式	98	21.6
中西式	314	69.2

如表5-12所示，育服总体风格以西式风格为主，在118个编码计数中，西式风格占整体比例为51.7%，中式风格占整体比例为48.3%。其中男童服饰风格主要以西式为主（西式N=24，中式N=17），女童服饰风格主要以中式为主（西式N=37，中式N=40）。

表5-12　育服总体风格统计

服饰风格	出现次数/次	覆盖率/%
中式	57	48.3
西式	61	51.7

如图5-16所示，通过对江南育服风格的细分可知，育服风格的划分明显，主要分为中式与西式风格，中式服装风格与西式服装风格的重合部分（c17）在整体风格中所占比重不大。

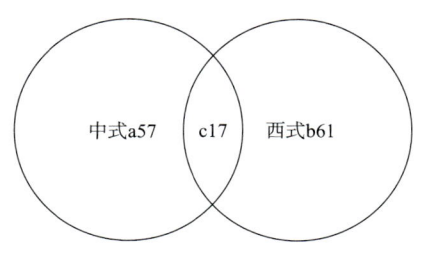

图5-16 江南育服的服饰风格间的关系

二、服饰发展面貌

通过对近代江南女性婚服的定性分析可看出，中西式风格是这一时期婚服的主要风格，但从婚服搭配与服饰风格发展倾向来看，逐渐呈现西化状态。如表5-13所示，1859—1910年女性婚服呈现单一性的特征，以传统中式婚服为主，主要体现在婚礼仪式的变化，在服饰搭配上也相对简化；1911—1926年女性婚服呈现混合性特征，婚服形制逐渐在传统基础上进行改良，同时服饰搭配种类逐渐繁复与新奇；1927—1936年女性婚服呈现多样性特征，逐渐打破传统形制特征，以连体式旗袍作为婚服形式，形成西式与中西式并存的现象；1937—1949年女性婚服呈现西式化特性，女性婚服形制也逐渐固定化与制式化。

表5-13 各阶段女性婚服主要流行搭配

时间段/年	服饰类型	首服	服装配件	服饰风格
1859—1910	上衣下裙 袄/褂/衫；马面裙；喜裤	兜勒、珠花、鬟花	手捧花；绣花鞋；云肩；墨镜	中式
1911—1926	上衣下裙 袄/褂/衫；套裙；马面裙（简化）	西式头纱（上簇式）；凤冠	手捧花；高跟皮鞋；软缎平底鞋；眼镜	中西式；中式
1927—1936	连体式旗袍；婚纱	西式头纱；西式珠冠	手捧花；高跟皮鞋；软缎平底鞋；项链；耳环	中西式；西式
1937—1949	连体式婚纱；旗袍	西式头纱；绢花；后置扇形头饰	手捧花；耳环；高跟皮鞋	西式；中西式

通过对近代江南育服的定性分析可看出，育服在风格划分上比较明显，主要呈现中式风格与西式风格，服饰组合中呈现中西混搭形式。在育服选择与服饰风格发展上呈现西化状态。如表5-14所示，1859—1910年育服呈现单一性的特征，以传统中式上衣下裤为主；1911—1926年育服逐渐呈现西化趋向，但整

体服饰风格与选择仍以中式为主;1927—1936年与1937—1949年育服主要以西式风格为主,育服服装形制也逐渐固定化、制式化,这两个阶段男童与女童的服饰搭配主要呈现西式廓型服装与白中筒袜、皮鞋的西式搭配。

表5-14 各阶段育服主要流行搭配

时间段/年	服饰类型	首服	服装配件	服饰风格
1859—1910	上衣下裤 TB：袄/褂/衫；长裤 TN：袄/衫；长裤	瓜皮帽	布鞋	中式
1911—1926	上衣下裤 TB：马甲；西式上衣；西裤 TN：袄/衫；长裤	瓜皮帽；花朵；蝴蝶结	TB：白中筒袜；皮鞋 TN：布鞋；佩花-胸；项链	中式
1927—1936	上衣下裤 TB：衬衫；短裤连体式 TN：西式连衣裙	发箍；西式帽	皮鞋；白中筒袜；项链；佩花（胸）	西式
1937—1949	上衣下裤 TB：衬衫；马甲；西式大衣；短裤连体式 TN：西式连衣裙	西式帽	白中筒袜；皮鞋	西式

综上所述,女性婚服更加多样性、混搭性与自由性;育服风格更为鲜明化与制式化。1859—1949年,女性婚服风格以中西式为主,育服风格以西式为主,服饰的发展逐渐呈现西化状态。近代江南婚育服饰逐渐呈现单一性—多样性—制式性,中式简约—中西繁复—西式简约的发展过程。

第五节

近代江南女性婚育观与婚育服饰的映射

近代江南女性婚育观的多元性也使得婚育服饰呈现出多元化的格局。女性婚育观中的引领性、多样性、意识性与女性在婚育服饰表现与选择中的时尚性、混搭性、自由性相互映射。

一、近代江南女性婚育观与婚育服饰的相互关系

（一）观念的引领性与婚育服饰的时尚性

"引领性"体现在女性婚育观中对内、外文化较高的接受程度。正是因为女性在婚姻自主与育儿科学优生主张中对外来文化的接受与吸纳，使得婚育服饰逐渐显现出西化性。

时尚，是指一段时间内为许多人所追求或接受的行为特征[266]，同时形成相对一致的偏好及由此形成普遍的服装风尚。在近代，江南女性婚服中不断变化的趋势是时尚，对育服科学性的关注也是时尚。女性新装的层出不穷与流行周期的缩短是"思想之进步"[267]，女性对外来文化的接受也被视为思想的进步，因此对婚服选择的逐渐西化在当时是一种时尚。随着服装卫生学在近代中国传入，中国近代的"变服"活动均无一例外地出现了应不压抑人体正常发育、不影响人体血液循环等服装卫生学思想，而婴幼儿服装也得到了应有的特别关注[268]。从这一角度来说，对婚育服饰，特别是对育服科学性的关注在当时社会也是一种时尚。

从汉族承袭的"凤冠霞帔"到满汉融合的"八团红青裙子"与旗袍，再至西式婚服的穿着，江南女性在婚服的接受上显现出对文化的包容性、较高的接受度以及对流行的灵敏度。自晚清，江南开始流行新式婚礼。在社会的一端，诸如上海圣玛丽亚女校首任女校长黄素娥这般的进步女性，开始接受并实行西式的新式婚礼。女性对婚服的选择显现出了从精英阶层的引领至大众化、商业化的发展模式。从1859—1949年，女性婚服的改变由以女性教师、留学生为代表的学界发起并不断延伸、拓展至文学艺术界、商界、政界、军界、体育界等各领域。女性婚服风格呈现由简约中式风格至中西繁复再至西式简约的状态。近代江南女性婚服的选择从婚服配件到服装逐渐西化。育服的形制大多是成人服装的缩小版，其流行元素紧跟成人服装流行趋势，因此女性对育服的选择也呈现西化趋势，同时也更关注婚育服饰的科学性。

在服装形制上，西式元素在女性婚服中运用的比例逐渐增大。西方服装造型元素中西服戗驳领的领型开始出现在女性婚服的选择中，连袖、对襟、盘针绣、袖口襕干等中式造型元素开始与西方服装造型元素相融合。同时，婚服中的马面裙逐渐由围系向套穿的形式发展，裙装形制逐渐简化并趋于平面化与西化。再至随后西式连衣裙、旗袍、中式领西式连衣裙、西式婚纱在婚服中的运

用，女性的婚服形象开始由凤冠霞帔、头戴兜勒、侧髻戴花、身着对襟长褂、下着马面百褶裙的中式新娘造型向头戴珠冠花环、身穿白软缎礼服长裙、披白色罩纱、戴白手套、手捧同色配花的西式新娘造型发展。在育服中，女性对育服的选择与制作逐渐偏向科学性、实用性、轻巧性、经济性。诞生礼仪服饰选择由传统不缝毛头的连体内衣、抱裙（六包被）和披风逐渐转向西式连体的婴儿裙装。同时，传统的连体诞生礼仪服装中也逐渐融入西式收腰结构。在传统童袄裙的框架下逐渐开始出现叠襟与贴袋、插袋等西式服装结构的变化。传统宽大的衣身逐渐趋于直身、合体，在配件中逐渐出现揿纽、单纽式纽扣等西式纽扣的搭配形式。再至随后西式衬衫、连衣裙、西裤、背带裤、针织衫在育服中得到运用并成为育服中的新时尚。同时，相比传统江南童帽中的齐耳帽、帽圈的运用，西式造型也逐渐成为童帽流行款式，童帽造型形式逐渐简化与西化。

在服饰材质上，逐渐融入并注重科学技术对传统服饰材质的改良，逐渐呈现出西化特征。女性在选择与运用上也逐渐倾向于西式。新式绸缎的出现，逐渐取代了土绸，出现了厂丝代替土丝、人造丝与丝棉的交织、动力织机与并捻机的使用等新方法以及借鉴国外产品的材质，如华丝葛、塔夫绸等。在婚服面料上常选用铁机缎、软缎等新面料；头纱常选用安琪纱、新机纱类或进口纱等；婚服里料常选用洋板绫、华丝葛与小纺等；花边装饰中蕾丝等舶来品的运用皆体现出面料的西化趋势。在育服面料中，除传统丝、棉面料的运用外，逐渐倾向于毛线（绒线）、机制棉织物、斜纹类毛织物的运用，如卡其布、斜纹布、白洋布、哔叽布等。在图案装饰上，在传统植物类、动物类、食物类、人物类、风景类与符号类题材的基础上，西式风格的符号类题材逐渐出现并融入婚育服饰图案。西式风格的线条、格纹不仅被单方面应用，同时也与传统图案题材融合。女性也逐渐倾向于选择这类中西式结合或西式的婚育服饰图案。

（二）观念的多样性与婚育服饰的混搭性

女性婚育观的多样性体现在对"本我"的自我认同，逐步寻求"人"的价值以及作为"人"对自我需求的满足。所谓"新者皆奇皆异，非奇非异，无以见其新"[269]。正是由于女性婚育观中多样性对自我需求的不断思考、摸索与实践，才使得婚育服饰中出现各种服饰形态混合、求新求异的组合方式。同时这种求新求异的组合方式也体现出女性在自我认同中的不确定性。

随着女性婚育观中"人"的价值的强化，女性也逐渐基于"本我"、以个人的需求来选择婚服样式。"八团红青褂子"逐渐开始按照市场经济与个人需求在形制与价格上不断更新与变化，分为五彩时花礼服、八团花无潮水礼服与八团花有潮水礼服，同时花卉的品种随流行式样与喜好而定。婚育服饰的混搭性也逐渐体现为在不同文化背景下的服装风格与服装结构的混合。最开始的风格混合来源于西式服装配件的混合，女性婚服是从手捧花开始，而育服多集中在头饰与鞋袜方面。在随后的发展中，婚育服饰搭配的组合体现为服装风格与服饰结构在中西文化下相互交织与杂糅。因此在整体搭配风格中出现中式、西式、中西合璧等多种风格。在服饰风格的混搭中，女性婚服搭配较为鲜明地表现为西式头纱、中式凤冠与中式衣裙的混合搭配。育服搭配中也呈现出西式风格帽子、蝴蝶结等头饰与中式风格服装的搭配形式。在服装结构的混搭中，表现为在中式裙装的结构中融入西式木耳边状的裙边造型，以及旗袍衣身与西式裙摆的结构搭配，如1927年宋美龄的婚服在保留了传统中式领的形制下，在服装结构上采用了连体式西式裙款等。在服饰材质上，服装面料品种逐渐多样，诸如丝质面料、棉、麻、绒线与化纤等材料的运用不断显现出个人的需求与选择。以丝质面料为例，新式面料诸如新机纱类、铁机缎类、华丝葛类，中式传统面料诸如纺绸类、素罗类、直罗类、官纱类、实地纱类、亮地纱类、香春米银纱类、湖绉类、线春类、宁绸类、绢缎类、云霞缎类、绮霞缎类、库缎类与丝绒类，不断体现出女性在选择与应用中的混合。在图案装饰上，婚育服饰中也开始出现中式花草图案与西式几何线条的混合。

（三）观念的意识性与婚育服饰的自由性

女性婚育观中的意识性，体现为女性婚育观从被动层面向主动层面变化，婚育观念的自主性与意识性逐渐得到释放，更多地强调个人意识与创新精神。当社会制度不再作为女性价值、观念的唯一评判标准与制约框架时，无论是在婚育形式、婚育态度还是婚育意识上，女性的自主性与意识性均逐渐得到释放，使得婚育服饰中逐渐显现出服饰应用的自由性。

基于儒家"礼"制框架下的传统服装，从形制、材质到图案都有严格不可逾越的等级划分，女性也将代表嫡妻的婚服看作身份的象征。随着女性婚育观中个人意识的提高，自由着装的权力很大程度上也交到了女性自身的手里[273]。虽然当时民国政府在1912年、1929年、1942年先后颁发了一系列服饰制度，但江南女性婚服的自由性远远超过了当时政府所制定的服饰制度，至少服饰制度已然不像之前那样坚硬、不可逾越。女性在婚育服装的选择与表现形式上不再有等级与禁忌的限定，趋向自由性。

在服装形制方面，女性婚服从晚清婚服"凤冠霞帔"中对礼制的亦步亦趋至"八团红青褂子"中对等级的僭越，等级与制度在服装中的表现逐渐淡化，女性婚服所呈现的流行性与自由性逐渐代替婚服的等级性与制度性。同时，在婚服种类选择上也逐渐不再局限于特定的婚服款式。"凤冠霞帔""八团红青褂子"以及常服、中式领西式连衣裙、旗袍、西式婚纱等都相继出现在女性婚服形式中。女性对于婚服也不再纠结于是否用正色来彰显嫡、庶的差别，江南女性婚服的颜色逐渐翻新变化，由深蓝色、黑色向红色、淡红色、香槟色、银色、白色等颜色发展，颜色选择与运用的多样性与自由性提升。在身体形态的塑造上，婚服形制从宽直的身形逐渐向合体化、适形化发展，逐渐凸显女性身体曲线。对于女性而言，身体的塑造与裸露成了具有标志性的风尚与彰显自由、释放天性的象征。在袖长、裙长、衣长上，女性体态的塑造变得富有变化与自由性。女性对婚服配件的选择也更加自由，首服的选择也已不再局限于凤冠，兜勒、珠花、珠带、花环、花冠、珠冠、帽子、头纱、发带、凤冠、鬓花、花朵、头巾、羽毛、头箍、发夹等层出不穷地出现在女性首服的形式中。足衣中传统绣花粗布鞋、绣花软缎布鞋、皮底丝缎平底布鞋、皮底丝缎高跟布鞋、镂空高跟鞋等在选择与运用中也更加自由。在育服中，女性对选择与搭配的个人意识逐渐提高。育服形制在服装各部件如领部、袖部的造型上的不断翻新，在衣身、裤、裙的宽窄与长度上的不断变化，已显现出女性意识的变化性与自由性。男童的帽饰、女童的花朵与发箍，皮鞋、布鞋与白中筒袜的组合搭配，都在不断塑造新时代的儿童新形象。

在服饰材质上，随着工业化的发展，各种大小机织厂在江南林立而起。机器逐渐替代手工，传统的、复杂精细的织造工艺逐渐淡化，面料运用的等级界限逐渐消失，装饰形式逐渐由刺绣向印花转变。在图案装饰中，传统图案的象征性、框架性、寓意性逐渐淡化并向意识性、自由性、创新性转化。图案的运用出现等级的僭越，原先象征等级的仙鹤团纹、凤凰等图案也逐渐运用至寻常女性的婚服中。"八团红青褂子"中象征等级的团纹与海水山崖纹，在图案的内容与数量上均出现了变化，对于女性来说，婚服中有无"海水"、有无"八团"已不再重要。西式的抽象图案也逐渐融入婚育服饰图案中，纹样的组合自由度逐渐升高，大小花枝的组合、花草图案与几何线条的组合在服饰图案中逐渐流行，审美形式更偏向于形式美感。具有科学探索性的图案内容，如宇宙、地球图案等新元素也逐渐融入婚育服饰图案装饰中。在图案装饰形式中，逐渐由具象性向抽象性转化，图案应用的灵动性、自由性升高，女性在服饰中所体现的自我审美情趣与精神意识逐渐加强。

二、近代江南婚育服饰的文化特性

（一）主动纳新：婚育服饰的改良与借鉴

意识观念的多元化同时也影响了服装观念的整体形态。近代中国的服装思想潮流体现出"西化"与"化西"的时代特色，反映出具有自由、平等、理性、创新等内涵及价值的人文主义与科学主义精神[269]。婚育服饰中体现出对外来文化的主动纳新意识，是一种主动的意识，这种意识来自那个时代人们对于振兴中华的决心、对于自我文化的部分否定以及追求人文主义与科学主义的精神，可以说女性婚育观念的变化表达的是一种文化运动的推动与实践的过程，一种女性寻求自我独立、塑造新自我的一种体现。

在女性婚服方面，从女性婚服形式中的"凤冠霞帔"至新式婚礼中"淡红绣花衣裙而上罩以白纱"[270]，再至女性婚服在款式中借鉴欧美流行式样，女性婚服在传统服饰裁剪上融入西式裁剪概念，更注重曲线性、保暖性、健康性。在对传统婚服礼仪形制改良的同时，鉴于婚礼浪费时间、虚糜金钱，上海社会局再拟改良结婚仪式。上海社会局派专员考研各国婚礼，最后决定仿效意大利，在上海倡行集团结婚[271]，由此发展为新式婚礼形式的一个分支——集团婚礼（集体结婚）。在育服方面，背带裤、西式连衣裙、毛线编织等新式样、新制作方法均体现出主动意识下的文化接受。

（二）文化坚守：国货运动中的婚育服饰

一方面，婚育服饰展现出对外来文化的主动纳新；另一方面，民族意识与民族经济危机又产生对服饰制造的反思。在国货运动方面，我国民众曾多次掀起声势浩大的"抵制洋货，使用国货"的爱国运动[272]。清光绪三十一年（1905年）四月初七，上海工商界召开商务总会会议，要求废除华工条约，发起抵制美货运动。上海商会会长曾铸为此通电全国，锡金商会、无锡绸布业首先响应。五月初八，锡金商会集议于绸布同业的锦云公所，当即开列美货名称牌号表，翻印分发各店及四乡各镇，并张贴于城厢内外，号召"不进美货，不售美货"。锡金城乡商民纷起响应，各店门口都贴出拒售美货的告示，同时用青煤涂去街头的美货广告，刷上抵制标语。前洲、陡门、秦巷、甘露等村镇商人则组织庙会出售国货。1912年《申报》刊登潘月樵的《请用国货》一文；1919年"五四运动"以后，国货运动的浪潮遍布在各种生活品类中。在婚育服饰方面，上海市社会局以历届国货运动不能引起女界注意，于1930年举行第三次国货运动会时倡议发起国货时装展览会，邀请闺秀名媛参加表演造势，一时盛况空前。如图5-17所示为1930年上海第三届国货时装展览大会中的女性婚服，在材料制作上所有衣服皆以国产布料制成。

图5-17 上海第三届国货时装展览大会中的女性婚服[273]

在育服方面，先后以国货儿童服装比赛[274]、国货儿童展览会[275]与法规形式的宣传、倡导、督导购用国货与服用国货。认为儿童是国家的主人翁，儿童提倡采用国货，是救国的根本方法[276-278]。在儿童采用物品时，应先参阅儿童用品调查录。同时还制定了对于儿童服用国货的奖励办法[279]。在育服服装材料方面同样鼓励采用国货，例如，儿童国货服装比赛中的规定为：参加儿童，不分男女，服装材料完全用国货，式样不论。服装标准注重美观、朴素、稳当、卫生与整洁。同时针织材料因经济实惠，方便多年龄段的儿童穿着，因此运用日益增多。通常选用绒线材料多为国货英雄牌居多。上海金星罗记童装厂商标图样中显示童装原料来源，棉纱、羊毛、呢绒、绸布等完全为国货，由统益申新两纱厂、中国毛绒厂与美亚织绸厂等所供给[280]。尽管在国货运动中对于婚育服饰的宣传声势浩大，但并未阻止服装廓型的西化进程。在整体运动中只强调了原料的国产，并没有对服装风格款式做出要求。

（三）西化潮流：服饰全球化的浪潮

近代江南婚育服饰中展现了中国传统服饰文化与西方服饰文化的结合，并逐步发展为时尚产业。随着特定阶级对婚育服饰的引领，再至逐渐发展为大众化的婚育服饰形态。

从观念意识在婚育服饰中所显现的自由性、表现性，再至婚育服饰在商品经济中所显现的批量性、制式性，婚育服饰商品市场在不断满足人的需求的同时，在一定程度上促使了婚育服饰发展的国际化与西化趋势，同时也削减了服饰的民族性特征。

随着近代时尚期刊等纸质媒介的推动、时装表演的兴起，时尚期刊与时装表演成为引领服装时尚和推动服装产业化的新手段。从1912年《民权画报》[281]

刊登照相结婚的报道到礼服租借服务，再至上海的美亚织绸厂、永安公司、鸿翔设计公司对于流行婚礼与儿童服饰所举行的时装表演活动，以及定期时尚式样的杂志推广，进一步将婚育服饰逐步推向了商品化的经济浪潮中，从而逐渐形成了西式的时尚潮流趋向与制式化的婚服与育服形态。

第六节 本章小结

　　本章主要探讨了近代江南婚育服饰的变迁特征与婚育服饰间的映射关系。主要结论如下。

　　（1）近代江南婚育服饰变迁中呈现西化演变趋势，女性婚服风格以中西式为主，育服风格以西式为主。女性婚服在整体服饰多样性、时尚性大于育服，育服的变化跟随成人服装流行趋势。1859—1949年江南婚育服饰发展呈现中式简化—中西繁复多样—西式简化的发展过程。其中以1911—1926年与1927—1936年时间段服饰种类形态最为丰富，整体服饰呈现出由单一性至多样性的演变特征。婚育服饰造型中对西化的接受形式都是以配件开始，女性婚服体现在对西式手捧花的应用，育服体现在对西式头饰与鞋袜的应用。在服装整体装饰中，服装图案呈现由中式图案向西式图案转变并简化的过程；服装颜色呈现由深至浅、高纯度至低纯度、高明度转变；服装面料的运用逐渐西化，呈现出由传统手工面料至近代机制面料的发展过程。

　　（2）近代江南婚育服饰的变迁呈现出服饰的骤变、渐变、微变与不变的不同形态。婚育服饰变迁的共性体现在服装结构（领部、袖部、衣身）、服装面料、服装配件（首服与足衣）、服装图案、服装长度（袖长、衣长）的渐变；另外，变迁的特殊性体现在不同服装方面中出现程度不等的变化形态。在服装类型（连体式）中，以袍服/旗袍、西式连衣裙的代表的服装形态相比以往时间段中并未有任何演变迹象，并在1911—1926年间出现骤变。在服装结构中，以中式衣襟为代表呈相对稳定的不变；服装类型（上衣、下裙）与服装配件呈现微变。在服装颜色中，女性婚服颜色表现上反映出由深至浅的渐变，育服颜色表现上反映出深浅相间的微变。在服装长度中，女性婚服中的裤长出现骤变（1910年后裤装不再运用）。育服中的裤长反映出由长至短的渐变；女性婚服中的裙长集中在中长裙长度范围内的微变，育服中反映出女童服饰形态中由裤装向裙装的骤变（1911年以前以裤装为主，以后则不用）。

（3）近代江南女性婚育观与婚育服饰的多元性相互交融又相互映射。首先，映射关系呈现出三方面内容，即观念的引领性与婚育服饰的时尚性、观念的多样性与服饰的混搭性、观念的意识性与服饰的自由性之间的映射。其次，婚育服饰文化特性中服饰的西化浪潮、对外来文化的纳新、对自身文化的坚守，再一次与女性婚育观中的引领性、多样性、意识性的特征与发展趋向相互交融与相互映射。最后，婚育服饰的变迁中体现了等级秩序、民主平等与意识形态之间的此消彼长，以及映射了女性婚育观中引领性（对文化的接受程度）、多样性（自我认同）、意识性（个人意识）的服饰表现。同时，近代女性婚育观与婚育服饰的演变在一定程度上也可解释当下女性婚育观与婚育服饰西化的现象。同时，近代江南婚育服饰变迁在一定程度上也说明了全球化浪潮中民族性服装由兴盛至衰败并逐渐西化的过程。

第六章
主要结论与展望

第一节
主要结论

本研究在多学科交叉研究的基础上，围绕近代江南女性婚育观与婚育服饰的变迁展开实证性、应用性研究。以社会性别视角对江南女性婚育观进行性别化细分，梳理具有地域特色的近代江南女性婚育观及演变特征。通过对近代江南婚育服饰形、质、饰、工艺的分析，构建独具特色的江南女性婚育服饰体系。运用定性研究方法对所收集的近代期刊与图片资料进行统计分析，进一步细化与量化女性婚育服饰变迁的演变状态与发展形态，同时总结了女性婚育观与婚育服饰间的相互对应关系，实现了以女性婚育观解读婚育服饰的研究过程。女性观念意识与相应服饰现象的关系，为探究在社会转型期中女性与育儿的关怀提供了一定的参考与补充。本研究的主要结论归纳如下。

（1）基于社会性别视角，在社会转型期中近代江南女性婚育观的变化影响了婚育服饰、习俗的变化，女性婚育观的变化体现在自我认同、文化接受度与自我意识方面，得出由单一性至多样性、制度性至意识性、引领性与矛盾性共存的多元化发展面貌。传统期与转型期婚育观本质的区别在于强调女性"人"的价值。传统期江南女性婚育观虽已打破"早婚早育，多生密生"的传统观念，但女性意识多集中在被动层面，注重社会制度性，表现为婚姻自主的妥协与追求、晚婚晚育与护生崇文、对贞节观念的维护与抵触；转型期江南女性婚育观在一系列妇女解放运动等社会环境的影响下，更倾向于自主性、优生性与科学性，表现为婚姻自主的强化与折中态度、适龄婚育与科学优生、对贞节观思想的颠覆与实践保守态度，呈现出多样性、意识性的转变。女性对内外文化较高的接受程度凸显了江南女性婚育观的"引领性"；"矛盾性"体现在女性自我意识与外部环境的冲突中所体现出的不确定性。在女性婚育观的影响下，婚育习俗与婚育服饰保留了传统元素，同时在选择形式中也逐渐简化与西化。

（2）近代江南女性婚育服饰体系为服装的形制、材料、图案与工艺的综合体现，体现出民族之间、中西文化之间的融合、改良与西化的多元化服饰面貌。以物的层面对婚育服饰进行实证研究，服装形制不再局限于特定形式，服装搭配自由度提升，服装廓型逐渐由平直向合体发展，服装结构与装饰逐渐简化，体现出多组合、多风格的服饰形式与多样化、商品化的发展趋势。江南具有典型性特色的婚育配件包含发禄袋、油面揭、寄名袋、包领大与通书袋等，仍延续并保留着传统形式，在图案、元素的应用中受外来文化影响不大。城镇之间形成以上海为主的时尚中心，城乡婚育服饰形态发展的不均衡性凸显。服饰材料由传统手工面料与近代机制面料共存逐渐向机制面料转变；服饰图案不仅表现出女性情感的自我表达、护生纳吉的祈子企盼、崇文重教的人伦观念，还表现出追求科学的新视角与新理念；服饰工艺既保留了传统制作方法，又融合了西式造型元素。服饰审美形式发生改变，传统的审美框架逐渐打破，反映出等级性、制度性、寓意性的弱化，逐渐偏向形式美感，显现出意识性、创新性、健康性、科学性的提升。

（3）基于定性分析方法，抓取代表性的服装指标，对近代江南婚育服饰变迁形态进行细分与量化，1859—1949年婚育服饰选择由"中式简化—中西繁复多样—西式简化"的发展过程，女性婚服风格以中西式为主，育服风格以西式为主。以时间为横轴，运用NVivo分析软件对近代江南婚育服饰454张图片素材进行编码分析并获取3638个节点数据，1859—1910年服饰呈现单一性特征，以传统中式服饰为主，服饰也相对简化；1911—1926年服饰呈现混合性特征，中、西式风格逐渐结合，服饰搭配种类逐渐繁复；1927—1936年，服饰呈现多样性特征，西式与中西式风格并存，服饰种类与数量逐渐递增；1937—1949年，服饰形式逐渐固定，多样性下降。随着女性婚育观念的变化，衣身合体度与暴露度逐渐提升，其中以1911—1926年与1927—1936年服饰形态最为丰富，整体服饰呈现出由单一性至多样性的演变特征。婚育服饰形制逐渐西化，服装装饰由图案向颜色选择转变，服装配件的选择对西式文化接受程度较高。女性婚服在整体服饰多样性、时尚性中大于育服，育服的变化与母亲意识密切相关，更注重健康性、科学性，因此西化程度较高；婚育服饰造型中对西化的接受形式都是从配件开始，女性婚服体现在对西式手捧花的应用，育服体现在西式头饰与鞋袜的应用。

（4）近代江南婚育服饰变迁形式呈现出骤变、渐变、微变与不变的不同形态。婚育服饰变迁的共性体现在服装结构、服装面料、服装配件、服装图案、服装长度的渐变；变迁的特殊性体现在服装不同方面出现程度不等的变化形态。服装类型（连体式）中以袍服/旗袍、西式连衣裙为代表的服装形态相比以往时间段中并未有任何演变迹象，并在1911—1926年出现骤变；服装结构中以中式衣襟为代表呈现相对稳定的不变；服装类型（上衣下裙）与服装配件呈现微变。在服装颜色中，女性婚服颜色表现反映出由深至浅的渐变，育服颜色表现反映出深浅相间的微变。在服装长度中，女性婚服中的裤长出现骤变，1910年后裤装不再运用；育服中的裤长反映出由长至短的渐变；女性婚服中的裙长集中在中长裙长度范围内的微变，育服反映出女童服饰形态中由裤装向裙装运用的骤变，1911年以前主要为裤装，以后则不用。

（5）基于实证研究、实物分析，细化出近代江南婚育服饰材料与制作工艺的具体形式，体现出中西文化形态的共融。婚育服饰材料主要集中在丝、棉面料。婚服面料多采用缎类面料，其中以"八团"为例的传统上衣下裙形式婚服面料主要为库缎类，旗袍面料包含齐眉缎、花缎、软缎、棉质面料，婚纱面料多为软缎；里料为洋板绫、华丝葛与小纺等机制面料；头纱选用安琪纱、新机纱类或进口纱类；婚服辅料包含花丝边、金花边与彩缎花边等；育服面料越来越接近现代，服饰面料中除传统丝质、棉质面料外，机制棉织物、毛织物的运用也逐渐广泛。相比于面料，辅料中对于西式纹样与材质的接受度更高，其选择主要为机制面料。服饰工艺既保留了传统制作方法，又融合了西式造型元素。主要制作工艺包含"刮浆法""压水线"与"缝三铲一"，采用的装饰工艺手法有镶、嵌、滚、宕、盘结与刺绣的综合运用。在刺绣样式中，不仅有传统图案题材，还有参照西式蕾丝式样，运用多种传统针法仿制出西式风格。

（6）近代江南女性婚育观与婚育服饰的映射关系。近代江南女性婚育观与婚育服饰的多元化相互交融又相互映射。首先，映射关系呈现出三方面内容，即观念的引领性与婚育服饰的时尚性、观念的多样性与服饰的混搭性、观念的意识性与服饰的自由性之间的映射。其次，婚育服饰文化特性中服饰的西化浪潮、对外来文化的纳新、对自身文化的坚守，再一次与女性婚育观中的引领性、多样性、意识性的特征与发展趋向相互交融与相互映照。最后，婚育服饰的变迁体现了等级秩序、民主平等与意识形态之间的此消彼长，以及映射了女性婚育观中对文化的接受程度、自我认同、个人意识的服饰表现。同时，近代女性婚育观与婚育服饰的演变在一定程度上也可解释当下女性婚育观与婚育服饰西化的现象；近代江南婚育服饰变迁在一定程度上也说明了全球化浪潮中民族服饰由兴盛至衰败并逐渐西化的过程。

第二节 创新点

一、以女性婚育观解读婚育服饰的变迁研究

首先，细分出具有典型性特征的近代江南女性婚育观及其演变特征；其次，构建较为整体性的近代江南婚育服饰面貌与演变状态；最后，根据两者的动态发展，探讨近代江南女性婚育观与婚育服饰间的映射关系，实现了以女性婚育观解读婚育服饰的研究过程。

二、对于江南女性婚育观的性别化细分

以性别视角切入，解析并细分具有区域特色的近代江南女性婚育观。以往对于女性婚育观的概述太过笼统，对于婚育观念常一概而论，同时研究对象多集中在现代女性部分，对于近代女性婚育观的研究成果较少。因此，将江南女性婚育观的研究放置在近代历史范畴中，并结合江南典型性区域现象，分析传统期与转型期具有典型性的江南女性婚育观内容，由此进一步分析江南女性婚育观的演变特征，探讨江南具有典型性特征的近代女性婚育观念表征。

三、采用定性研究方法进一步细化、量化近代江南婚育服饰变迁动态

进一步细化、量化近代江南婚育服饰变迁状态与发展倾向，结合定性分析研究中内容分析方法与扎根理论编码方法，依据服装的构成元素及从属关系，对数据资料进行编码分类与数据统计，对江南婚育服饰各部分元素的变迁状态与总体服饰发展倾向进行解析。

第三节

展望

一、现阶段的局限性

本研究虽初步构建了近代江南婚育服饰的研究框架，但在系统性构建与学理深度层面仍存在显著提升空间。首先，受限于现存实物的离散性分布与文献记载的碎片化特征，现有研究样本在时空维度上尚未形成完整的谱系链条。具体而言，对清光绪末年至中华人民共和国成立初期这一关键转型期的实物考证仍存在断代缺口，特别是民国中后期育服形制的演变轨迹尚需更多第一手资料的佐证。为更加全面探究江南婚育服饰体系，应进一步丰富近代江南各发展阶段婚育服饰资料，同时应进一步拓展与深入在女性婚育观影响下所涉及的育服种类与变迁的过程。在不断细致对近代江南婚育服饰体系中女性婚服与育服变迁研究的基础上，研究对象中应进一步拓展至男性婚服的研究。

二、未来研究方向

下一阶段的研究主要集中在以下几个方面。

（一）多维史料体系的构建

丰富各阶段婚育服饰的搜集，进一步验证江南婚育服饰变迁状况。进一步完善定性分析研究中较为完整性的分析编码框架，并组织人员按照编码框架进行编码并分析各组结果的差异性，进一步验证编码框架对于服饰文化定性分析中的可行性与可重复性。

（二）性别维度的研究拓展

婚育服饰体系中深入对男性婚服体系的专项研究，系统梳理形制嬗变，解析其背后蕴含的家族权力结构与性别角色期待。建立婚育服饰的性别比较研究框架，从面料选择、装饰母题、穿着规制等维度进行对比分析，揭示服饰文化中的性别政治等。

参考文献

[1] 翟振武，张现苓，靳永爱. 立即全面放开二胎政策的人口学后果分析[J]. 人口研究，2014，38(2)：3-17.

[2] 艾华. 中国的女性与性相：1949年以来的性别话语[M]. 施施，译. 南京：江苏人民出版社，2008.

[3] 李致伟. 通过日本百年非物质文化遗产保护历程探讨日本经验[D]. 北京：中国艺术研究院，2014.

[4] 赵世瑜. 小历史与大历史：区域社会史的理念、方法与实践[M]. 北京：北京大学出版社，2017.

[5] 李宏复. 民间服饰变迁的全面解读——评《明代以来汉族民间服饰变革与社会变迁（1368—1949年）》[J]. 名作欣赏，2017（32）：160-161.

[6] 王一川. 艺术史的可能性及其路径[J]. 文艺理论研究，2014，34（4）：38-45.

[7] 周文. 何以开展文化的量化研究[EB/OL].（2015-10-21）[2024-11-28]. http://rwyszjyzx.hfut.edu.cn/2015/1026/c/927a40614/page.htm.

[8] 张福记. 近代中国社会演化与革命：新民主主义革命发生发展的历史根据研究[M]. 北京：人民出版社，2002.

[9] 崔荣荣，张竞琼. 近代汉族民间服饰全集[M]. 北京：中国轻工业出版社，2009.

[10] 梁启超. 李鸿章传[M]. 湘潭：湘潭大学出版社，2011.

[11] 李伯重. 多视角看江南经济史：1250—1850[M]. 增补版. 北京：商务印书馆，2022.

[12] 陆广微. 吴地记[M]. 南京：江苏古籍出版社，1999.

[13] 史为乐. 中国历史地名大辞典[M]. 北京：中国社会科学出版社，2005.

[14] 中国历史大辞典编纂委员会. 中国历史大辞典[M]. 上海：上海辞书出版社，2000.

[15] 王雲五. 四部丛刊续编：天下郡国利病书[M]. 台北：商务印书馆，2022.

[16] 高燮初. 吴地文化通史[M]. 北京：中国文史出版社，2006.

[17] 周振鹤. 中国历史文化区域研究[M]. 上海：复旦大学出版社，1997.

[18] 黄胜平. 中国吴越文化比较研究[M]. 北京：作家出版社，2011.

[19] 荣亮. 吴越史地研究会之成立[J]. 档案与建设，2009（8）：46-47.

[20] 苏秉琦. 满天星斗：苏秉琦论远古中国[M]. 赵汀阳，王星，选编. 北京：中信出版社，2016.

[21] 李学勤，于玉蓉. 追寻中国古代文明的足迹——著名历史学家李学勤先生访谈录[J]. 甘肃社会科学，2014（1）：84-88.

[22] 江苏省地方志编纂委员会. 江苏吴文化志[M]. 南京：江苏科学技术出版社，2013.

[23] 罗竹风. 现代汉语大词典[M]. 上海：上海辞书出版社，2009.

[24] 许慎. 说文解字全鉴：珍藏版[M]. 李兆宏，刘东方，解译. 北京：中国纺织出版社，2017.

[25] Barlow Tani. Theorizing Woman:Funu, Guojia, Jiating[Chinese Women, Chinese State, Chinese Family][J]. Genders, 1991(10):132-160.

[26] 高彦颐. 闺塾师：明末清初江南的才女文化[M]. 李志生，译. 南京：江苏人民出版社，2005.

[27] 祝鸿熹. 古代汉语词典[M]. 成都：四川辞书出版社，2000.

[28] 李志生. 中国古代妇女史研究入门[M]. 北京：北京大学出版社，2014.

[29] 宋少鹏. 清末民初"女性"观念的建构[J]. 中国现代文学研究丛刊，2012（5）：102-106.

[30] 宋少鹏. "西洋镜"里的中国与妇女：文明的性别标准和晚清女权论述[M]. 北京：社会科学文献出版社，2016.

[31] 汉语大词典编纂处整理. 康熙字典：标点整理本[M]. 上海：上海辞书出版社，2008.

[32] 王海根. 古代汉语通假字大字典[M]. 福州：福建人民出版社，2006.

[33] 许宝华，宫田一郎. 汉语方言大词典（第三卷）[M]. 北京：中华书局，1999.

[34] 张占斌，蒋建农. 毛泽东选集大辞典[M]. 太原：山西人民出版社，1993.

[35] 卢乐山. 中国女性百科全书[M]. 沈阳：东北大学出版社，1995.

[36] 潘贵玉. 婚育观念通论[M]. 北京：中国人口出版社，2003.

[37] 李鑫生，蒋宝德. 人类学辞典[M]. 北京：华艺出版社，1990.

[38] 周汛，高春明. 中国衣冠服饰大辞典[M]. 上海：上海辞书出版社，1996.

[39] 魏国英. 中国当代知识女性角色选择与儒家文化[J]. 东疆学刊，2002，19（2）：15-19.

[40] 郭丹. 左传[M]. 北京：中华书局，2016.

[41] 诸葛铠. 文明的轮回：中国服饰文化的历程[M]. 北京：中国纺织出版社，2007.

[42] 包天笑. 衣食住行的百年变迁[M]. 苏州：苏州市政协文史编辑室，1974.

[43] 胡平生，张萌. 礼记[M]. 北京：中华书局，2017.

[44] 刘慧君，李树茁，朱正威. 性别失衡的社会风险研究——基于社会转型背景[M]. 北京：社会科学文献出版社，2014.

[45] 梅志强，张晓梅，杨慧敏. 不同年代育龄妇女婚育观及其变化的回顾性研究[J]. 中国计划生育学杂志，2011，19（8）：463-465.

[46] 张瑞，任立忠，赵晓茂. 清光绪年间出生的妇女婚育状况——河北省90～94岁妇女婚育状况的回顾性调查[J]. 中国人口科学，1990（3）：50，56-59.

[47] 陈师闯，徐丽雅. 浙江省已婚育龄群众婚育观念变化调查报告[J]. 人口与经济，2002（1）：35-40.

[48] 王涤. 关于当前婚育观念变化的几个问题的探讨[J]. 中国人口科学，1989（1）：60-63.

[49] 张丽虹. 彝族妇女婚育观念变迁研究——基于对云南姚安县大河口乡涟水村的调查[J]. 云南民族大学学报（哲学社会科学版），2014，31（3）：81-87.

[50] 周双超. 从生育需求的演进看婚育观念的进步[J]. 人口与计划生育，2003（7）：30-32.

[51] 顾鉴塘. 儒家学说对传统婚育观念和家庭伦理关系影响探讨——兼论对儒学几个观念的理解和再释[J]. 市场与人口分析，2005，11（5）：51-56.

[52] 沈良杰，洛边木果. 彝族支格阿鲁文化中的婚姻习俗及婚育观念析述[J]. 西南民族大学学报（人文社会科学版），2010，31（12）：29-34.

[53] 蒋功成. 优生学的传播与中国近代的婚育观念[D]. 上海：上海交通大学，2009.

[54] 王跃生. 1930—1990：华北农村婚姻家庭变动研究[D]. 北京：中国社会科学院，2002.

[55] 王璞华. 改革开放以来兵团维吾尔族婚育观嬗变研究——以农八师133团9连为例[D]. 石河子：石河子大学，2011.

[56] 陈果. 我国农民婚育观念变迁及价值审视[D]. 大连：大连海事大学，2012.

[57] 崔丛聪. 乡土社会婚育观念变迁研究——以济南市大涧沟村为例[D]. 济南：山东大学，2017.

[58] 贲小丽. 清末民初江浙地区女性婚姻价值观研究[D]. 西安：陕西师范大学，2006.

[59] 陈鹏. 中国婚姻史稿[M]. 北京：中华书局，2005.

[60] 李衡眉. 中国古代婚姻史论集[M]. 长春：吉林文史出版社，1992.

[61] 费孝通. 生育制度[M]. 北京：商务印书馆，2008.

[62] 唐千顷. 大生要旨：第1卷[M]. 长沙：湖南科技出版社，2015.

[63] 夏晓虹. 晚清女性与近代中国[M]. 2版. 北京：北京大学出版社，2014.

[64] 陈高华,童芍素,郭松义.中国妇女通史——清代卷[M].杭州:杭州出版社,2010.

[65] 郑永福,吕美颐,陈高华,等.中国妇女通史——民国卷[M].杭州:杭州出版社,2010.

[66] 余华林.女性的"重塑":民国城市妇女婚姻问题研究[M].北京:商务印书馆,2009.

[67] 常建华.婚姻内外的古代女性[M].北京:中华书局,2006.

[68] 高蓉,张竞琼.基于《点石斋画报》的清末婚嫁服饰研究[J].东华大学学报(社会科学版),2015,15(1):35-40.

[69] 李洪坤,崔荣荣,姜飘飘.近代汉族民间服饰变革的政治与文化解读[J].内蒙古大学艺术学院学报,2013,10(4):41-45.

[70] 许星.中国传统儿童服饰习俗的形式与内涵初探[J].苏州丝绸工学院学报,1999,19(6):16-19.

[71] 宋丙玲.唐代儿童服饰探究——以儿童图像为中心的考察[J].齐鲁艺苑,2011(5):33-40.

[72] 李荣,张竞琼.近代中国西式童装款式与结构[J].服装学报,2017,2(5):45-50.

[73] 崔荣荣,牛犁.民间服饰中的"乞子"主题纹饰[J].民俗研究,2011(2):129-135.

[74] 邢乐.近代中原地区汉族服饰文化流变与其现代传播研究[D].无锡:江南大学,2017.

[75] 亓延.近代山东服饰研究[D].无锡:江南大学,2012.

[76] 李雁.中国古代儿童服饰研究[D].苏州:苏州大学,2015.

[77] 牛犁.汉族特殊族群(惠安女和高山汉)女性服饰研究[D].无锡:江南大学,2014.

[78] 薛方宁.民国时期江南婚俗服饰探究[D].苏州:苏州大学,2015.

[79] 赵妍.民族服饰图案与宗教的关系——道教对我国传统服饰图案的影响[D].天津:天津工业大学,2003.

[80] 王巧.中西方婚礼服发展比较研究[D].苏州:苏州大学,2015.

[81] 程星洁.女性婚礼服基础衣胸腰结构研究[D].上海:东华大学,2012.

[82] 邓雅.探究我国汉族女性婚礼服的演变和创新[D].无锡:江南大学,2008.

[83] 斐氏璧恒.越南传统童装的特点分析与设计应用[D].上海:东华大学,2017.

[84] 李洪坤.近代文化语境下汉族民间女装的变革与创新应用[D].无锡:江南大学,2014.

[85] 段冰清.清末民初中原地区民间婚服研究[D].北京:北京服装学院,2015.

[86] 陈黎琰.从近代江南女性服饰探究女性生活方式的变迁[D].无锡:江南大学,

2011.

[87] 袁秋芸. 从民国时期的《妇女杂志》看中国近代婚礼服的变迁[D]. 无锡：江南大学，2009.

[88] 许悦. 清后期四份嫁妆清单中的服饰研究[D]. 上海：东华大学，2009.

[89] 黄能馥，陈娟娟. 中国服饰史[M]. 上海：上海人民出版社，2004.

[90] 包铭新. 近代中国女装实录[M]. 上海：东华大学出版社，2004.

[91] 周锡保. 中国古代服饰史[M]. 北京：中国戏剧出版社，1984.

[92] 廖军，许星. 中国服饰百年[M]. 上海：上海文化出版社，2009.

[93] 张竞琼. 从一元到二元：近代中国服装的传承经脉[M]. 北京：中国纺织出版社，2009.

[94] 崔荣荣，牛犁. 明代以来汉族民间服饰变革与社会变迁（1368—1949年）[M]. 武汉：武汉理工大学出版社，2016.

[95] 杨俊光. 吴歌中人生礼仪的文化研究[J]. 大连大学学报，2010，31（3）：28-32.

[96] 苏思涵，王菊艳，樊艳梅，等. 明传奇中的吴地婚俗文化——以沈璟和梁辰鱼的戏曲为例[J]. 哈尔滨学院学报，2016，37（4）：78-81.

[97] 许周鹣. 近代吴地女性文化的变迁[J]. 浙江社会科学，1996（4）：86-89.

[98] 缪良云. 吴服春秋[J]. 丝绸，2006，43（2）：45-47.

[99] 许周鹣. 古代吴地妇女再婚观[J]. 苏州大学学报（哲学社会科学版），1991（4）：112-116.

[100] 张国洪. 吴地传统生育观概述——吴地传统人口思想的民俗学考察[J]. 学术月刊，1997，29（8）：82-88.

[101] 赵郁飞. 近百年女性词史研究[D]. 长春：吉林大学，2017.

[102] 钱元龙. 吴地妇女传统配饰研究[D]. 南京：南京艺术学院，2011.

[103] 肖爱丽. 上海近代纺织技术的引进与创新——基于《申报》的综合研究[D]. 上海：东华大学，2012.

[104] 曹振宇. 中国近代合成染料生产及染色技术发展研究[D]. 上海：东华大学，2008.

[105] 徐铮. 民国时期（1912—1949）机器丝织品种和图案研究[D]. 上海：东华大学，2014.

[106] 管静. 南京云锦的传承与发展研究[D]. 苏州：苏州大学，2018.

[107] 翟梅宇. 民国时期上海地区时装业研究[D]. 无锡：江南大学，2007.

[108] 万芳. 民国时期上海女装西化现象研究[D]. 上海：东华大学，2005.

[109] 宋倩. 苏南水乡妇女服饰的装饰工艺研究[D]. 无锡：江南大学，2009.

[110] 张静. 近现代闽南、江南、皖南地区民间妇女服饰比较[D]. 无锡：江南大学，2008.

[111] 陈渊峰. 近代中国妇女解放运动与女性服饰剧变[D]. 苏州：苏州大学，2009.

[112] 吴恩培. 吴文化概论[M]. 南京：东南大学出版社，2006.

[113] 魏采苹，屠思华. 吴地服饰文化[M]. 北京：中央编译出版社，1996.

[114] 曹金华. 吴地民风演变[M]. 南京：南京大学出版社，1997.

[115] 刘霓，黄育馥. 国外中国女性研究：文献与数据分析[M]. 北京：中国社会科学出版社，2009.

[116] 游鉴明，罗梅君，史明. 共和时代的中国妇女[M]. 台北：左岸文化出版社，2007.

[117] 魏国英. 女性学基本理论研究的几个问题[J]. 北京大学学报（哲学社会科学版），2003，40（1）：109-114.

[118] 祖嘉合. 社会性别理论为女性研究展示新视角[J]. 河南师范大学学报（哲学社会科学版），2001（2）：100-103.

[119] 岳素兰. 女性学研究集萃（1910—2010）[M]. 北京：北京大学出版社，2010.

[120] 宝森，Bossen Laurel，胡玉坤. 中国妇女与农村发展：云南禄村六十年的变迁[M]. 南京：江苏人民出版社，2005.

[121] 罗梅君. 北京的生育、婚姻和丧葬：19世纪至当代的民间文化和上层文化[M]. 王燕生，译. 北京：中华书局，2001.

[122] 曼素恩. 缀珍录：十八世纪及其前后的中国妇女：海外中国研究丛书[M]. 定宜庄，译. 南京：江苏人民出版社，2004.

[123] 朱丽娅·克里斯蒂娃. 中国妇女[M]. 赵靓，译. 上海：同济大学出版社，2010.

[124] Dorothy Ko. Cinderella's Sisters: A Revisionist History of Footbinding[M]. California: University of California Press, 2007.

[125] Antonia Finnance. Changing Clothes in China: Fashion, History, Nation.[J]. New York: Columbia University Press, 2008.

[126] Rachel Silberstein. Cloud collars and sleeve bands: Commercial embroidery and the fashionable Accessory in Mid-to-Late Qing China[J]. Fashion Theory 2017, 21(3):245-277.

[127] Zamperini P. Clothes That Matter: Fashioning Modernity in Late Qing Novels[J]. Fashion Theory, 2001, 5（2）:195-214.

[128] Lena E. Johnston. Peeps at many lands-China[M]. London: Adam and Charles Black, 1910.

[129] 野崎诚近. 吉祥图案解题[M]. 东京：平凡社，1940.

[130] Doré Henri, Kennelly M. Researches into Chinese superstitions[M]. Shanghai: T'usewei Printing Press, 1914.

[131] 亚细亚写真大观社. 亚细亚大观：第1辑[M]. 大连：亚细亚写真大观社，1924.

[132] Silberstein, Rachel. Fashionable Figures:Narrative Roundels and Narrative Borders in Nineteenth-Century Han Chinese Women's Dress[J]. Costume, 2016, 50(1):63-89.

[133] Isabella L. Bird. The Yangtze Valley and beyond:An Account of Journeys in China, Chiefly in the Province of Sze Chuan and among the Mantze of the Somo Territory. [M]. London:John Murray, 1899.

[134] Rthur Evans Moule. Half a Century in China:Recollections and Observations[M]. London:Hodder and Stoughton, 1911:21.

[135] 罗伯特·C.波格丹，萨莉·诺普·比克伦. 教育研究方法：定性研究的视角[M]. 钟周，李越，赵琳，等译. 北京：中国人民大学出版社，2008.

[136] 朱丽叶·M·科宾，安塞尔姆·L，施特劳斯. 质性研究的基础：形成扎根理论的程序与方法[M]. 朱光明，译. 重庆：重庆大学出版社，2015.

[137] 卢苇菁. 矢志不渝：明清时期的贞女现象[M]. 秦立彦，译. 南京：江苏人民出版社，2012.

[138] 李祥俊. 儒家价值体系及其根源性转化[J]. 南京社会科学，2018（11）：33-40.

[139] 陶新宏. "生生"：儒家对生命的诠释[J]. 广西社会科学，2017（5）：53-57.

[140] 曼素恩. 张门才女[M]. 罗晓翔，译. 北京：北京大学出版社，2015.

[141] 包天笑. 钏影楼回忆录[M]. 上海：上海三联书店，2014.

[142] 秦永洲. 中国社会风俗史[M]. 武汉：武汉大学出版社，2015.

[143] 苗怀民. 浮生六记[M]. 北京：中华书局，2018.

[144] 吴书荫. 梁辰鱼集[M]. 上海：上海古籍出版社，2010.

[145] 缪荃孙，王纱纱，孙广华. 国朝常州词录[M]. 南京：南京大学出版社，2011.

[146] 李伯重. 多视角看江南经济史：1250～1850[M]. 北京：生活·读书·新知三联书店，2003.

[147] 孔昭明. 清世祖实录选辑：第4辑[M]. 台北：大通书局，1984.

[148] 钱仪吉. 碑传集—守令[M]. 影印本. 台北：文海出版社，1973.

[149] 胡晓明，彭国忠，查正贤，等. 江南女性别集-二编[M]. 合肥：黄山书社，2010.

[150] 施淑仪. 清代闺阁诗人征略[M]. 影印本. 上海：上海书店，1987.

[151] 王唯铭. 苏州河，黎明来敲门：1843年以来的上海叙事[M]. 上海：上海人民出版社，2015.

[152] 陈鹤琴. 社会问题：学生婚姻问题之研究[J]. 东方杂志，1921，18（4-6）：

97-122.

[153] 叶家基，谢冰. 本校婚姻调查[J]. 振华季刊，1935，1（4）：166-172.

[154] 甘南引. 中国青年婚姻问题调查[J]. 社会学杂志，1924，2（2-3）：1-281.

[155] 佚名. 调查统计：杭州市历届集团结婚年龄统计表[J]. 杭州市政季刊，1937：1.

[156] 佚名. 上海市第二届集团结婚参加结婚男女姓名单[N]. 上海市政府公报，1935-4-3.

[157] 佚名. 女子结婚年龄统计[J]. 电声（上海），1940，9（13）：1.

[158] 佚名. 中国生育率之成因[J]. 经济统计，1937（4）：28.

[159] 产妇年龄统计[J]. 浙江省立医院季刊，1933-1934，1（1-2）：1.

[160] 佚名. 南京市（城、乡区）二十四年四至十二月份出生婴孩数按母之年龄分类统计表[N]. 南京市政府公报，1935（156-164）：94-118.

[161] 佚名. 南京市（城、乡区）二十五年一至十二月份出生婴孩数按母之年龄分类统计表[N]. 南京市政府公报，1936（165-176）：104-153.

[162] 佚名. 南京市（城区）二十六年一至二月份出生婴孩数按母之年龄分类统计表[N]. 南京市政府公报，1937（177-178）：111-132.

[163] 无锡市地方志编纂委员会办公室. 无锡年鉴[M]. 南京：江苏年鉴杂志社，1991.

[164] 无锡市地方志编纂委员会. 无锡市志[M]. 南京：江苏人民出版社，1995.

[165] 佚名.鼓楼医院中七十五位妇人之调查[J]. 社会学刊，1936，5（1）：125-129.

[166] 樊友平. 中华性医学辞典[M]. 北京：北京科学技术出版社，1997.

[167] 胡适. 贞操问题[J]. 新青年，1918，5（1）：10-19.

[168] 吴觉农. 近代的贞操观[J]. 妇女杂志，1922，8（12）：5-8.

[169] 李国彤. 女子之不朽：明清时期的女教观念[M]. 桂林：广西师范大学出版社，2014.

[170] 夏晓虹. 晚清女子国民常识的建构[M]. 北京：北京大学出版社，2016.

[171] 梁启超. 科学精神的东西文化（八月二十日在南通为科学社年会演讲）[J]. 科学，1922，7（9）：863.

[172] 陈独秀. 敬告青年[J]. 青年，1915，1（1）：1-6.

[173] 王镐. 无锡金匮合志：第30卷[M]. 南京：江苏凤凰出版社，2011.

[174] 沈建东. 风俗里的吴中[M]. 南京：江苏凤凰出版社，2015.

[175] 沈建东. 苏南民俗研究[M]. 南昌：江西出版集团，江西人民出版社，2007.

[176] 同里镇人民政府，吴江市档案局. 同里志：两种[M]. 扬州：广陵书社，2011.

[177] 无锡市地方志编纂委员会. 无锡市志[M]. 南京：江苏人民出版社，1995.

[178] 袁秋芸，张竞琼. 民国时期婚礼服的城乡比较[J]. 江苏纺织，2008，27(12)：58-60.

[179] 军毅. 婚制：结婚之部[J]. 觉民，1904（6）：22-26.

[180] 林永匡，王熹. 清代社会生活史[M]. 北京：中国社会科学出版社，2016.

[181] 魏采苹，屠思华. 苏南水乡生命礼俗（三）（四）[J]. 东南文化，1995（2）：104-108.

[182] 次平. 弥月之喜[J]. 金声，1947（10）：3.

[183] 司马史. 弥月请柬[N]. 海潮周报，1947：8-9.

[184] 弥月送礼单. 国民快览[J]. 1926（15）：203.

[185] 霍恩. 服饰：人的第二皮肤[M]. 乐竟泓，杨治良，译. 上海：上海人民出版社，1991.

[186] 崇彝. 道咸以来朝野杂记[M]. 北京：北京古籍出版社，1982.

[187] 徐珂. 清稗类钞[M]. 北京：中华书局，2010.

[188] 冯克力. 老照片-第七十二辑[M]. 济南：山东画报出版社，2010.

[189] 包天笑. 六十年来妆服志[J]. 杂志，1945，15（4）：26-34.

[190] 金受申，北京市政协文史资料研究委员会东城区政协文史资料征集委员会. 老北京的生活[M]. 北京：北京出版社，1989.

[191] 孙彦贞. 清代女性服饰文化研究[M]. 上海：上海古籍出版社，2008.

[192] 李洪坤，崔荣荣，姜飘飘. 近代社会转型时期汉族民间女装的渐变与突变[J]. 服饰导刊，2014，3（2）：47-52.

[193] 佚名. 亦是文明结婚[J]. 时事报图画杂俎，1908（125-126）：4-3.

[194] 周启澄，赵丰，包铭新. 中国纺织通史[M]. 上海：东华大学出版社，2017.

[195] 包铭新，高冰清. 论晚清民国时期围系之裙到套穿之裙的演变[J]. 东华大学学报（社会科学版），2006，6（1）：1-7.

[196] 中华照相馆. 蒋介石与宋美龄女士结婚俪影[J]. 良友，1927（21）：2.

[197] 彭珊珊. 宋氏三姐妹特展[EB/OL].（2016-04-27）[2024-11-28]. http://www.thepaper.cn/newsDetail-forward-1461829.

[198] 搜狐. 胡蝶与潘有声结婚照[EB/OL].（2017-08-11）[2024-11-28]. https://www.sohu.com/a/163823815_117347.

[199] 卞向阳. 论旗袍的流行起源[J]. 装饰，2003（11）：68-69.

[200] 佚名. 法规：服制条例[J]. 国立中央大学教育行政周刊，1929（92）：13-15.

[201] 佚名. 张剑虹君与夏慧英女士将于本月内在无锡结婚上为俪影[N]. 图画时报，1927（357）：1.

[202] 佚名. 蔡咸爱先生之公子怀芳君与王秀峯先生之女公子瑾治女士之新婚俪影[N]. 商报画刊，1933：18.

[203] WW. 余雁和君之公子锡霖与台山名媛黄美兰女士之新婚俪影[J]. 商报画刊，1933：57.

[204] 佚名. 陈君腾辉与李云卿女士之新婚俪影[N]. 商报画刊，1933：39.

[205] 洛梅笙. 吴维翘与女儿唐宝珊[EB/OL].（2015-07-15）[2024-11-28]. https://weibo.com/u/2034280670?topnav=1&wvr=6&topsug=1&is_all=1&is_search=1&key_word=唐宝珊#_0.

[206] 李荣，张竞琼. 近代童袄褂的形制及结构特征[J]. 武汉纺织大学学报，2018，31（3）：64-70.

[207] 张爱玲. 张爱玲典藏全集-5-对照记：1952年以后作品[M]. 哈尔滨：哈尔滨出版社，2003.

[208] 萧丽娟，梁洁玲，翁怡. 历久常新旗袍的变奏[M]. 香港：香港历史博物馆，2010.

[209] 张竞生. 美的人生观[M]. 北京：北京大学出版社，2010.

[210] 江秋. 夏季儿童装束[J]. 今代妇女，1930（18）：39.

[211] 魏南昌摄. 童装的重要[J]. 方舟，1937（34）：1.

[212] 张浩. 介绍童装[J]. 健康家庭，1940，2（2）：22.

[213] 冯秋萍. 春季新式童装[J]. 时装专刊：秋萍毛线刺绣编织法，1941（9-12）：105-106.

[214] 冯秋萍. 抽丝打褶女童装编结法[J]. 杂志，1942，10（2）：151.

[215] 冷庵. 杭州交通银行行员舒明远君与程倚庚女士结婚照片[N]. 图画时报，1927（399）：1.

[216] 360百科吴素馨图册[EB/OL]. [2024-11-28]. https://baike.so.com/doc/5426248-5664470.html.

[217] 佚名. 本月之十八日南京特别市市长刘纪文与许淑珍女士结婚由蒋介石谭延闿二氏证婚[N]. 图画时报，1928（506）：3.

[218] 何汉章. 兜纱婚礼服新设计[J]. 家庭杂志，1937（2）：19.

[219] 卢杰，崔荣荣. 近代汉族民间童帽形制及造物思想研究[J]. 武汉纺织大学学报，2015，28（1）：40-43.

[220] Sidney D.Gamble. Gamble's China:Photographs of the Land and Its People[M]. Washington D. C. : Alvin Rosenbaum Projects. 1988.

[221] 卢杰，崔荣荣. 清至民国时期汉族无顶童帽研究[J]. 丝绸，2016，53（3）：64-68.

[222] 佚名. 陈鑫记针织厂出品：新式童帽[N]. 华洋月报，1934（1）：27.

[223] 夏时雨. 七月的新娘[N]. 新新画报，1939（1）：17-18.

[224] 佚名. 沪上新流行之女鞋[N]. 图画时报，1925（257）：6.

[225] 佚名. 张振玉君与吴光媚女士结婚之丽影[N]. 图画时报，1926（330）：4.

[226] 洛梅笙. 新娘装束[EB/OL].（2017-5-6）[2024-11-28]. https://weibo.com/u/2034280670?from=feed&loc=nickname.

[227] 佚名. 上海纶丰织造厂出品的虎头牌丝袜[N]. 华洋月报，1935（9）：31.

[228] 吴昆田. 漱六山房全集[M]. 1885.

[229] 许晓慧. 中国民间儿童服饰民俗的形式与功能[J]. 大家，2010（6）：24-26.

[230] 宁方勇，沈建东. 丝线上的风雅：苏州民俗博物馆馆藏民间绣品[M]. 南昌：江西人民出版社，2010.

[231] 政协苏州市委员会文史资料委员会. 苏州文史资料：第1—5合辑[M]. 苏州：政协江苏苏州市文史资料委员会，1990.

[232] 胡朴安. 中华全国风俗志：插图本[M]. 上海：上海科学技术文献出版社，2011.

[233] 木耳. 扬州婚俗[J]. 实报半月刊，1937，2（9）：62.

[234] 品珐. 常熟旧式婚制之一瞥[J]. 方舟，1935（10）：39-41.

[235] 北日. 社会珍闻：江南的几处婚俗[J]. 社会杂志，1931，2（5）：7-11.

[236] 许潋文."甪直水乡妇女服饰"特色及美用分析[D]. 苏州：苏州大学，2017.

[237] 佚名. 上海乡村集团结婚[J]. 玲珑，1935，5（38）：3322-3323.

[238] 佚名. 聂村的集团结婚[J]. 妇女生活，1937，4（12）：35.

[239] 饺子的影像档案馆. 中国老照片[EB/OL].（2016-05-08）[2024-11-28]. https://weibo.com/u/1972658280?from=feed&loc=nickname&is_search=1& key_word.

[240] University of South Carolina. Libraries Children's Day Celebrated-outtakes[EB/OL].（2018-07-21）[2024-11-28]. https://digital.tcl.sc.edu/digital/collection/MVTN/id/3881/rec/1.

[241] 中国国民党浙江省执行委员会民众训练委员会. 浙江市、县各工厂工人工资数额调查表[J]. 浙江党务，1929（44）：87.

[242] 宋锦章. 结婚照片[J]. 橄榄月刊，1931（9）：45-60.

[243] 佚名. 陕西省政府令：训令各机关、县长据上海美亚织绸厂呈齐结婚礼服衣料样本及价目表等请通饬男女结婚人一体采用等情令仰购用文[N]. 陕西财政旬报，1935：11-13.

[244] 文宪. 时髦的嫁衣[J]. 中国电影杂志，1927，1（8）：39.

[245] 佚名. 调查国货儿童用品目录[J]. 无锡教育月刊，1936，1（6）：39-41.

[246] 罗蓉. 近代江南地区童装面料纹样研究—基于传统中式童装[D]. 杭州：浙江理工大学，2014.

[247] 李宏复. 民间刺绣图案的象征符号阐释[J]. 大连大学学报，2008，29（2）：93-97.

[248] 田自秉，吴淑生，田青. 中国纹样史[M]. 北京：高等教育出版社，2003.

[249] 唐僧. 金孔彰君之新婚俪影[N]. 图画时报，1927（409）：1.

[250] 刘钢. 中国古代美术经典图式：民间绣花纹样卷[M]. 沈阳：辽宁美术出版社，2015.

[251] 佚名. 文学家黄中兴江苏第一女师高才生顾周瑜女士结婚照[N]. 图画时报, 1927（352）: 2.

[252] 缪良云. 中国衣经[M]. 上海: 上海文化出版社, 2000.

[253] 陈道玲. 近代民间袍服传统工艺研究[D]. 无锡: 江南大学, 2012.

[254] 梅自强. 纺织辞典[M]. 北京: 中国纺织出版社, 2017.

[255] 王小红. 近代传统女装装饰工艺研究及其对现代女装设计的启示[D]. 无锡: 江南大学, 2009.

[256] Burgess M C R, Stermer S P, Burgess S R. Sex, Lies, and Video Games:The Portrayal of Male and Female Characters on Video Game Covers[J]. Sex Roles, 2007, 57（5）:419-433.

[257] Lutz C A, Collins J L. Reading "National Geographic"[J]. Contemporary Sociology, 1994, 23（5）:738.

[258] Burgess J, Green J. YouTube:online video and participatory culture[M]. Cambridge:Polity, 2009.

[259] Hartel J. Information Activities and Resources in Anepisode of Gourment Cooking[J]. Information Research, 2006, 12（1）:11.

[260] 张劼圻, 赵柯然. 中美公共图书馆网站的视觉比较[J]. 图书馆论坛, 2018, 38（6）: 150-157.

[261] Rose G. Visual Methodologies:An Introduction to the Interpretation of Visual Materials[M]. London:Sage, 2001.

[262] Harrison B. Seeing health and illness worlds - using visual methodologies in a sociology of health and illness:a methodological review[J]. Sociology of Health & Illness, 2002, 24（6）:856-872.

[263] Saldana J. The Coding Manual for Qualitative Researchers[M]. 3rd. edition:18-23.

[264] Kozleski E B. The Use of Qualitative Research[J]. Research and Practice for Persons with Severe Disabilities, 2017, 42（1）:19-32.

[265] Anselm S, Juliet C. Basics of qualitative research:Grounded theory procedures and techniques[J]. The Modern Language Journal, 1993, 77(2):235.

[266] 陈国强. 简明文化人类学词典[M]. 杭州: 浙江人民出版社, 1990.

[267] 荻. 装束的美[J]. 妇女新装特刊, 1928, 1（1）: 7-19.

[268] 张竞琼, 许晓敏. 近代服装新思潮研究[M]. 北京: 中国纺织出版社, 2018.

[269] 李寓一. 美装新装与奇装异服[J]. 妇女杂志, 1928, 14（9）: 27.

[270] 妙因. 结婚服装谈[J]. 星期, 1922（13）: 4.

[271] 渝文. 民国时期上海的集体婚礼[J]. 档案记忆, 2017（3）: 40-42.

[272] 左旭初. 民国商标图典[M]. 上海：上海锦绣文章出版社，2013.

[273] 佚名. 国货时装展览会之婚礼服[J]. 文华，1930（15）：6.

[274] 佚名. 儿童国货服装比赛[J]. 上海女青年会国货展览会，1911（1）：19.

[275] 佚名. 儿童结婚表演[J]. 上海女青年会国货展览会，1911（1）：38.

[276] 李素琴. 儿童演讲：提倡国货[J]. 儿童杂志，1933（21）：50-51.

[277] 李敬忠. 儿童提倡国货会[J]. 儿童世界，1931，27（25）：40-41.

[278] 一得. 儿童服装与国民性[N]. 国货周报，1935（6）：3-4.

[279] 佚名. 小学儿童服用国货办法[J]. 无锡教育月刊，1936，1（5）：74-75.

[280] 佚名. 金星罗记童装厂：商标名称图样及注册日期[J]. 国货商标汇刊，1940（1）：194.

[281] 佚名. 礼服问题[J]. 现代生活，1933（10）：10.

附录

部分江南实物藏品清单（附表1）

序号	编号	实物图片	使用时间	尺寸/cm	质地
	江南大学汉族民间服饰传习馆藏				
1	JN-A002 袄		近代	衣长：66；通袖长：119；袖口：24.5；胸围：47；下摆：65	丝质
2	JN-A025 袄		近代	衣长：56；通袖长：107.5；袖口：27；胸围：44；下摆：51.5；领高：4	丝质裘里
3	JN-QP024 旗袍		近代	衣长：126；通袖长：43.5；袖口：18.5；胸围：41.5；腰围：38；臀围：48.5；下摆：44；衩高：22；领高：2.5	丝质
4	JN-QP027 旗袍		近代	衣长：114；通袖长：127.5；袖口：12；胸围：41；腰围：39；臀围：46.5；下摆：44；衩高：26.5；领高：2	丝面毛毡内里
5	JN-TY001 童衣		近代	衣长：50；通袖长：64	丝质
6	JN-A001 童袄		近代	衣长：33；通袖长：63.5；袖口：9；胸围：30；下摆：36；领高：3	棉
7	JN-A014 童袄		近代	衣长：43.5；通袖长：87；袖口：11.5；胸围：40；下摆：49；领高：4.4	丝质

续表

序号	编号	实物图片	使用时间	尺寸/cm	质地
8	JN-A016 童袄		近代	衣长：34；通袖长：65；袖口：10.5；胸围：28.5；下摆：34；领高：3	丝质
9	JN-A032 童袄		近代	衣长：34.5；通袖长：71.5；袖口：10.5；腰身：30.5；下摆：34.5；领高：2.5	棉
10	JN-G007 童褂		近代	衣长：33；通袖长：67.5；袖口：10.3；腰身：30；下摆：36；领高：3.2	棉
11	JN-MJ002 童马甲		近代	衣长：38.5；肩宽：30；胸围：25；下摆：40.5；领高：5.8	丝质
12	JN-MJ006 童马甲		近代	衣长：42.5；肩宽：25.8；袖笼深：18.8；胸围：40；下摆：45.5；领直径：8.8	丝质
13	JN-MJ004 童马甲		近代	衣长：32；肩宽：28；胸围：25.4；下摆：27.7	香云纱
14	JN-K003 童裤		近代	裤长：42；腰围：32；腰高：3；裆深：16；裤口：13	棉
15	JN-K010 童裤		近代	裤长：39；腰围：27.5；腰高：7；裆深：215；裤口：11.5	丝质
16	JN-K013 童裤		近代	裤长：42.5；腰围：28.5；腰高：6.5；裆深：26；臀围：34；裤口：11	丝质

续表

序号	编号	实物图片	使用时间	尺寸/cm	质地
17	JN-K015 童裤		近代	裤长：77；腰围：47；腰高：5.3；档深：42；臀围：76；裤口：23.5	棉
18	JN-K017 童裤		近代	裤长：88.5；腰围：50；腰高：6.5；臀围：80；档深：40；裤口：19.5	毛料
19	JN-GT001 盖头		近代	长度：74；宽度：74.5	丝绸
20	JN-XD006 肚兜		近代	长度：37；最宽处：44	丝质
21	JN-ML001 眉勒		近代	长度：52；最宽处：11	棉
22	JN-ML002 眉勒		近代	长度：43.5；最宽处：7.8	化纤
23	JN-ML003 眉勒		近代	长度：45；最宽处：7	棉
24	JN-ML004 眉勒		近代	长度：38；最宽处：7	棉
25	JN-ML005 眉勒		近代	长度：44.5；最宽处：7	棉
26	JN-XM001 鞋面		近代	长度：12；宽度：21	丝质
27	JN-XM002 鞋面		近代	长度：10.3；宽度：18	丝质

附录——部分江南实物藏品清单

续表

序号	编号	实物图片	使用时间	尺寸/cm	质地
28	JN-ST001 扇套		近代	长度：23；宽度：6.6	丝质
29	JN-HB001 荷包		近代	长度：12；宽度：5.5	丝质
30	JN-HB002 荷包		近代	长度：6.3；宽度：11.5	丝质
31	JN-HB003 荷包		近代	长度：10；宽度：8.5	丝质
32	JN-HB004 荷包		近代	长度：14；宽度：5	丝质
33	JN-HB005 荷包		近代	长度：12；宽度：7.5	丝质
34	JN-HB006 荷包		近代	长度：10.5；宽度：6.5	丝质
35	JN-HB007 荷包		近代	长度：13.5；宽度：5.5	丝质
36	JN-HB008 荷包		近代	长度：12；宽度：6	丝质
37	JN-HB009 荷包		近代	长度：10；宽度：5.8	丝质
38	JN-HB010 荷包		近代	长度：14.5；宽度：5.3	丝质
39	JN-HB011 荷包		近代	长度：28；宽度：9	丝质

续表

序号	编号	实物图片	使用时间	尺寸/cm	质地
40	JN-HB012 荷包		近代	长度：13；宽度：10	丝质
41	JN-HB013 荷包		近代	长度：10；宽度：5.6	丝质
42	JN-HB014 荷包		近代	长度：7.5；宽度：11	丝质
43	JN-HB015 荷包		近代	长度：30；宽度：8	丝质
44	JN-HB016 荷包		近代	长度：12.5；宽度：9	丝质
45	JN-HB017 荷包		近代	长度：12.5；宽度：9.5	丝质
46	JN-HB018 荷包		近代	长度：9；宽度：5	丝质
47	JN-HB019 荷包		近代	长度：8；宽度：5.5	丝质
48	JN-HB020 荷包		近代	长度：13；宽度：10.5	丝质
49	JN-HB021 荷包		近代	长度：8；宽度：11.5	丝质
50	JN-HB022 荷包		近代	长度：14.5；宽度：8.5	丝质

续表

序号	编号	实物图片	使用时间	尺寸/cm	质地
51	JN-HB023 荷包		近代	长度：27.8；宽度：8.4	丝质
52	JN-HB024 荷包		近代	长度：11；宽度：14	棉
53	JN-HB025 荷包		近代	长度：12.7；宽度：5	丝质
54	JN-HB026 荷包		近代	长度：10；宽度：6	丝质
55	JN-M001 童帽		近代	围度：38	条绒
56	JN-M002 童帽		近代	围度：40	棉
57	JN-M003 童帽		近代	围度：43	棉
58	JN-M004 童帽		近代	围度：45	毛毡
59	JN-M005 童帽		近代	围度：38	棉
60	JN-X015 童鞋		近代	长度：19.5；宽度：9	草编
61	JN-X019 童鞋		近代	长度：14.5；宽度：5	丝质

续表

序号	编号	实物图片	使用时间	尺寸/cm	质地
62	JN-X027 童鞋		近代	长度：13.5；宽度：5.5	丝质
63	JN-X028 童鞋		近代	长度：13.5；宽度：6	棉
64	JN-X030 童鞋		近代	长度：14；宽度：5.5	棉
65	JN-TSD001 通书袋		近代	高度：6；宽度：6.2	丝质
66	JN-TSD002 通书袋		近代	高度：9.5；宽度：11	丝质
67	JN-WZ001 围嘴		近代	外围直径：31；内围直径：13	棉
68	JN-A019 童袄		近代	衣长：37.5；通袖长：67；袖口：10；胸围：34.5；下摆：36	丝质
69	JN-A033 童袄		近代	衣长：33.2；通袖长：60.5；袖口：11.7；腰身：28.7；下摆：30.5；领高：2.3	丝质
		中国丝绸博物馆藏			
70	民国粉红缎地绣花夹衣		民国	衣长：67；通袖长：126	粉红色缎料

续表

序号	编号	实物图片	使用时间	尺寸/cm	质地
71	粉缎地绣花卉口围		民国	长：36.8；宽：26.7	丝质
72	绿缎彩绣梅兰竹菊口围		民国	长：27.1；宽：26.9	丝质
73	品蓝缎彩绣花卉小孩鞋		民国	长：13.7；宽：5.3；高：4.7	丝质
74	红缎彩绣花裙		民国	裙长：88；腰围：84	丝质缎
75	大红缎彩绣花卉纹裙		民国	裙长：86；腰宽：42	红色素缎
76	红绸彩绣鸟语花香百褶裙		民国	裙长：84；腰宽：57	丝质
77	大红缎彩绣花卉女裙		民国	裙长：86；腰宽：66	丝质

续表

序号	编号	实物图片	使用时间	尺寸/cm	质地
78	大红缎彩绣花卉纹裙		民国	裙长：90；腰宽：43	丝质
79	大红缎彩绣凤穿牡丹裙		民国	裙长：83；腰宽：48.5	丝
80	大红缎彩绣花卉裙		民国	裙长：85；腰宽：52	丝
81	大红缎彩绣花卉裙		民国	裙长：88；腰宽：55.4	丝
82	暗花缎彩绣凤穿牡丹裙		民国	长：89.8；腰宽：59	丝
83	红缎绣月季花裙		民国	长：92；腰宽：53.5	丝
84	红缎彩绣山茶花裙		民国	长：62；腰宽：63.5	丝
85	金玉满堂百岁童褂		民国	长：48；通袖长：55	丝

续表

序号	编号	实物图片	使用时间	尺寸/cm	质地
86	童衣抱裙		民国	长：76；腰宽：66	绸
87	粉缎彩绣折枝花卉童衫		民国	长：50；通袖长：88	丝
88	大红绸彩绣折枝花卉纹童衫		民国	长：45；通袖长：74	丝质
89	大红几何纹绸童衫		民国	长：42；通袖长：76	丝质
90	粉绸童褂		民国	长：47；通袖长：71.2	丝
91	大红镶花边小旗袍		民国	长：77.5；通袖长：56	丝
92	玫红折枝花缎童衣		民国	长：56；通袖长：90	丝
93	荷包		民国	长：12；宽：9	丝缎

续表

序号	编号	实物图片	使用时间	尺寸/cm	质地
94	荷包		民国	长：12；宽：9	丝缎
95	荷包		民国	长：12；宽：9	丝缎
96	彩缎荷花形童冠饰		民国	—	丝
97	绿绸童帽		民国	—	丝
98	彩缎绣天马花卉童帽		民国	—	丝
99	黑缎彩绣花蝶童帽		—	直径：12	丝
100	堆绫彩绣花蝶童帽		民国	—	丝

续表

序号	编号	实物图片	使用时间	尺寸/cm	质地
101	彩缎绣花卉螃蟹花瓣形口围片		民国	长：11.2；宽：18.5	丝质
102	名片袋		民国	长：9.5；宽：6.4	丝
103	名片袋		民国	长：11；宽：7	丝
104	名片袋		民国	长：12；宽：7	丝
105	名片袋		—	长：10；宽：7	丝
106	名片袋		民国	长：11；宽：7	丝
107	名片袋		民国	长：9；宽：5	丝

续表

序号	编号	实物图片	使用时间	尺寸/cm	质地
李品德藏					
108	女礼服		近代	衣长：84；通袖长：139；袖口宽：20；前胸围：53；下摆宽：70；衣衩高：10.8	丝
109	女礼服		近代	衣长：77；通袖长：131；袖口宽：27；领宽：6.5；领长：76；下摆宽：70.5；衩高：25	丝
110	套裙		民国	裙长：92；裙腰总长：84；裙腰高：9；裙腰上端开衩至胯部：23	丝、棉
111	襕干裙		近代	裙长：97；裙腰长：102.5；裙腰高：10.5	丝
苏州丝绸博物馆藏					
112	女礼服套装		清末	衣长：68；通袖长：138；裙宽：95；裙长：90	丝

附录——部分江南实物藏品清单

后记

此书是在本人博士毕业论文的基础上，结合多年调研与资料整理集结而成。在研究过程中，我收获了诸多宝贵的支持与帮助，也在此表达由衷的感谢。

我要感谢我的博士生导师梁惠娥教授。在她的悉心教导与无私帮助下，我不仅学会了科学的思考方法，还逐步培养了发现问题、解决问题的能力，更在不断地探索中领略了科研的无穷乐趣。

感谢高卫东教授对我的研究课题给予了极大的帮助与悉心指导，在我迷茫困惑之时，他总是耐心地为我指明方向，给予我研究的勇气与信心。感谢崔荣荣教授、卞向阳教授、陈宇岳教授、张竞琼教授、王鸿博教授、沈雷教授、任学宏教授、魏取福教授、许长海教授等多位老师对我博士期间课题提出的诸多中肯且极具价值的意见。每一次的交流中都予以指导与启发。此外，李品德老师、马觐伯老师在调研过程中给予了我大力的支持，感谢他们的倾囊相授。

感谢江南大学纺织科学与工程学院、江苏省非物质文化遗产研究基地、江南大学民间服饰传习馆所提供的平台与学术支持！我还要感谢身边所有专家学者对我的悉心指导与引领，让我在学术道路上不断前行。

我的父母是我永远坚强的后盾。无论遇到何种困难，他们始终无条件地给予我支持与鼓励，让我在学术道路上勇往直前。

最后，本书也是江西省高校人文社会科学研究项目"晚清至民国江西婚礼服饰的变迁模式研究"（项目批准号：YS20229）的阶段性研究成果。我要感谢中国纺织出版社有限公司的编辑老师们，在本书的编审过程中，他们兢兢业业、一丝不苟，付出了辛勤的努力，为本书的顺利出版提供了坚实的保障。

书中所使用的图片均来自各大博物馆、图书馆的实物与文献资料，以及前人的研究成果。由于写作时间较为仓促，未能一一征询相关作者或机构的意见，在此深表歉意，恳请各位见谅。

本书的完成离不开诸多师长、朋友与机构的鼎力相助。在此，我再次向所有支持我的人致以最诚挚的感谢！

2024年12月